浙江省哲学社会科学重点研究基地
临港现代服务业与创意文化研究中心成果丛书

港航后勤服务要素空间组织研究

傅海威　著

本专著系浙江省哲学社会科学重点研究基地
——临港现代服务业与创意文化研究中心课题成果
课题编号：**14JDLG04YB**

科 学 出 版 社

北　京

内 容 简 介

本书详细阐述港航后勤服务要素的基本概念、特征和演化阶段。基于 GIS 技术刻画和描绘港航后勤服务企业的空间布局特征和演变过程，并分析其空间演变机制。从协同关联度、协同效率两个视角探究港航后勤服务要素与港口体系的协同关系。运用系统动力学模型识别港航后勤服务业对港口体系的影响。在此基础上，以宁波为例提出促进港航后勤服务业发展的政策建议。

本书对港航后勤服务要素的空间组织进行系统阐述，在理论上拓展了港口地理学的研究领域，可作为学者从事该领域科学研究的基础性理论文献，也可供相关专业的教学使用，同时也能够为港航相关领域的政府管理部门提供决策支持。

审图号：浙 S（2018）129 号

图书在版编目（CIP）数据

港航后勤服务要素空间组织研究 / 傅海威著. —北京：科学出版社，2018.10
　　ISBN 978-7-03-059014-5

　　Ⅰ. ①港… Ⅱ. ①傅… Ⅲ. ①港口管理-后勤管理-研究 Ⅳ. ①F550.6

中国版本图书馆 CIP 数据核字（2018）第 228889 号

责任编辑：周　丹　曾佳佳 / 责任校对：彭　涛
责任印制：张　伟 / 封面设计：许　瑞

科学出版社 出版
北京东黄城根北街 16 号
邮政编码：100717
http://www.sciencep.com

北京建宏印刷有限公司 印刷
科学出版社发行　各地新华书店经销

*

2018 年 10 月第　一　版　开本：720×1000　1/16
2018 年 10 月第一次印刷　印张：11 1/4
字数：250 000

定价：88.00 元
（如有印装质量问题，我社负责调换）

序

  无论是作为一个科学新概念还是一个产业新形态,港航后勤服务业均发轫于港口,不断嵌入越来越全球化的生产与流通过程,尽管迄今学术界对其理解与表述未尽一致,但通常认为,它是港口和航运业务的拓展,是服务于港口和航运的后勤服务产业。20 世纪 80 年代中期以来,具有全球性经营战略与动机的跨国公司开始逐渐主导全球生产、贸易活动和外商直接投资的全球性流动。正是在跨国公司建立全球生产链和供应链的驱动下,顺应运输集装箱化和船舶大型化等技术变革趋势,在全球范围内,枢纽港—干线港—支线港—喂给港的港口等级体系逐步分化形成。由于具有规模经济等优势,枢纽港往往成为国际集装箱班轮首靠或尾靠港,因而成为国际货物运输和商品贸易交换的焦点场所。在此背景下,各级枢纽港口城市吸引了越来越多的跨国或跨区域的经济、贸易和资本活动,逐渐成为跨国公司尤其是船公司、班轮公司和大型国际仓储物流企业的青睐之地,这样,由港口和航运业务拓展和衍生的相关港航后勤服务企业便应运而生并迅速成长。全球一些重要的枢纽港口城市(伦敦、纽约、新加坡、香港等)已经开始并正在经历由枢纽港口中心向全球贸易中心或供应链中心的嬗变,在这一前所未有的转型进程中,港航后勤服务要素的加速集聚与持续升级,既是枢纽港口城市转型发展的动力,也是其空间重塑的地理投影。正是基于这一背景,港航后勤服务要素空间组织问题逐渐引起人们的关注,从而成为港口地理学新的研究领域。

  作为跨地区增长和变化的动态过程,全球范围内港航后勤服务产业的兴起及其空间组织,受到全球化和地方化的多层级因素与机制交互影响,并遵循全球尺度规律与地方尺度的基本规则。经济活动的全球化使得全球生产网络、全球价值链等全球尺度的分析,成为经济地理学和港口地理学解析港航后勤服务要素空间组织的一面透镜;而经济活动的地方化使得地租经济、集聚经济、产业集群等地方尺度的分析,成为经济地理学和港口地理学理解港航后勤服务要素空间组织的另一面透镜。

  凭借持续繁荣的区域经济和极为活跃的港口活动,20 世纪 90 年代末以来,长江三角洲地区主要枢纽港口城市的港航后勤服务要素加速集聚、服务体系不断完善、要素分布的空间格局基本形成。但与此同时，由于人们尚未认识并掌握其发展的客观规律，不少港口城市港航后勤服务产业以低端业态为主、高端要素集聚较慢、空间布局不尽合理等问题依然突出。因此，立足有别于西方的中国政经体制及其独特复杂的转型背景，系统深入地探讨港航后勤服务要素空间组织的相关理论与实践问题，不仅可以为我国沿海枢纽港口城市转型发展提供科学依据，而且可以为世界港口地理学研究提供中国视角和范例。

傅海威副教授 2014 年进入我所做博士后研究，在国家自然科学基金青年项目"长江三角洲港航后勤服务要素的时空演变特征与效应研究"（41501142）等支撑下，他顺利完成了《港航后勤服务要素空间组织研究》一书的撰写，该书也是其博士后研究工作的重要代表成果。总起来看，全书较为系统地阐述了港航后勤服务要素的基础理论、空间组织特征及其与港口体系之间的联系，为读者从地理学的空间视角认识港航后勤服务要素的形成演化过程与空间效应提供了有益的理论和宝贵的资料。专著搜集了大量的相关数据和文献，进行了创新性的实证分析，框架合理、内容充实、方法科学，从港航后勤服务维度进一步拓展了港口体系的演化模型，具有重要的理论和实践价值。在该书出版之际，我谨向傅海威同志表示祝贺，也对其为由我牵头的中国科学院南京地理与湖泊研究所港口地理学研究团队作出的支撑与贡献表示感谢，并祝愿其在今后的研究工作中取得更多更有创新性的学术成果。

中国科学院南京地理与湖泊研究所研究员、博士生导师

2018 年 8 月于南京

前　言

　　20 世纪 90 年代以来，随着跨国生产网络化、全球供应链建立、国际班轮航线重组和航运服务业兴起等，全球港口体系正在经历着由枢纽港向全球供应链中心的嬗变升级。为了满足客户高质量、高规格的物流、金融等增值服务需求，港口区域附近不断涌现出众多的港航后勤服务企业，并逐渐向中心枢纽港口集聚，从而促使全球主要港口体系形成前所未有的空间转型。港航后勤服务要素在全球供应链构建中的重要作用愈来愈凸显，或将逐渐取代传统港口体系核心的海上运输，成为重塑全球港口海运格局的关键因素。

　　目前，亚洲地区尤其是中国沿海已成为全球集装箱运输最活跃的地区，并且仍然呈现高于全球平均水平的增速。2017 年，亚洲港口包揽全球集装箱港口吞吐量排名前十位。就长江三角洲地区代表性港口而言，上海港继 2010 年超越新加坡港之后，已连续 8 年位居全球集装箱港口吞吐量第一位；宁波舟山港在 2018 年上半年实现对深圳港的历史性超越，跻身全球集装箱港口前三。随着集装箱运输重心的东移，港航后勤服务要素向亚洲转移已成为必然趋势。受益于上海自由贸易区改革的不断深入，以上海国际航运中心为核心区域的长江三角洲地区极有可能承接这一产业转移，甚至实现对伦敦国际航运中心的超越。此外，随着"一带一路"倡议和"长江经济带"战略的提出，浙江省正积极打造宁波"一带一路"倡议枢纽，加快融入国家战略，提高对周边区域的影响力和辐射力。但与此同时，港航后勤服务要素配置无序导致的港口之间过度竞争、高端航运服务业发展滞后等问题并未明显改善。为此，立足长江三角洲地区港航后勤服务业发展的客观实际，系统性探讨其空间组织问题，不仅可以为我国沿海港口转型发展与上海国际航运中心建设提供科学依据，而且可以为世界港口地理学研究提供中国范例。

　　本书立足于当前港口体系的空间演变趋势，对港航后勤服务要素的空间组织进行深入探讨。首先阐述港航后勤服务要素的基本内涵与发展阶段，然后分别对港航后勤服务企业的空间分布特征与演变过程、港航后勤服务要素与港口体系的协同效应以及港航后勤服务业对港口体系影响等方面进行详细分析，最后以宁波地区为案例，提出促进港航后勤服务业发展的策略与建议。本书共分为六章，其中，全书的第二章是本研究的理论基础，第三~五章是本书的核心实证部分，第六章是具体的实践案例。

本书依托宁波工程学院国际港口与物流研究中心傅海威副教授主持的浙江省哲学社会科学重点研究基地——临港现代服务业与创意文化研究中心课题"浙江港航物流服务要素空间演化及其对港口体系的影响研究"（14JDLG04YB）展开研究，并在此基础上申请获得国家自然科学基金青年项目"长江三角洲港航后勤服务要素的时空演变特征与效应研究"（41501142），进一步拓展了研究范围和研究深度。在整个书稿完成过程中，作者先后赴中国科学院南京地理与湖泊研究所和新加坡国立大学海事研究中心从事港口地理的博士后研究和访问学习。书稿吸收了两所国内外港口研究领域顶级科研院校的最新研究成果与研究思想，以期为该领域的研究热点问题提供科学解答和理论积累。

受篇幅所限，本书无法涵盖港航后勤服务的所有研究领域，仅选取了作者及其团队近年来在该领域研究取得的较成体系的部分研究成果，其他研究成果可检索相关的发表论文。本书的写作过程中，引用和借鉴了部分国内外研究文献，有的可能因疏漏未能注明，对论文中所有引用文献作者们表示感谢。限于作者研究水平，难免有疏漏和不当之处，欢迎读者与同行专家批评指正。

傅海威

2018 年 3 月

目　　录

第一章 绪 论

第一节 研究背景及意义

一、研究背景

随着经济全球化和国际贸易活动不断加强，枢纽港口城市港航后勤服务的空间组织也发生了巨大的改变。长江三角洲地区作为我国区域发展的重要增长极，是我国港口产业集群发展的一大样板，凭借优越的自然条件、强大的经济腹地和政府合理政策的扶持，俨然成为中国港口产业集群发展水平最高的地区，这对推动国家经济发展具有广泛而深远的现实意义。长江三角洲地区港口群包括 8 个沿海主要港口和 26 个内河规模以上港口，是我国港口密度最大的地区。现阶段，长江三角洲地区港口群已经形成以上海港为首，长江沿江港口为身，浙江、江苏的沿海港口为两翼的"一体两翼"格局。目前，长江三角洲地区港航经济发展方式表现为由资本驱动和劳动力驱动向创新驱动转变。这一转变使得具有异质性的港航后勤服务企业有了更紧密的交互，外化为以港口为核心的空间集聚现象。通过在地理空间上的集聚，形成产业的相对集中化。而港口城市经济圈的构建，极大地缩短了城市的时空距离，为临港城市的发展提供了优越的地理空间。

从研究对象——港航后勤服务产业方面来看，这是一个历久弥新的话题。单从关于港口产业空间集聚与扩散的研究来看，相关学者已经进行了大量的研究分析，而对于更具有时代特色的港航后勤服务产业空间演化研究则刚刚起步。该领域的主要研究包括：港航后勤服务产业发展的地区差异性、不同类型港航后勤服务产业的空间集聚现象、港航后勤服务产业集聚与城市经济圈之间存在的联系等。

从研究视角——经济地理学理论来看，这一理论将空间因素作为产业化发展的重要影响因子。通过对众多专家学者的研究成果进行梳理和总结，我们发现关于经济地理学的理论分析方面的研究成果已非常丰富，分析程度也十分透彻，尤其引用经济地理学理论分析生产性服务业空间集聚经济现象的文献占研究成果的比例较大。而以典型的港航后勤服务要素空间格局特征为对象的研究甚少，且缺乏在统一理论框架下的探讨论述。

为此，本书以长江三角洲地区港航后勤服务要素为研究对象，着重探讨其空间演化特征及其对港口体系的影响，以期初步掌握其空间组织规律，为港口转型升级提供理论支撑。

二、研究意义

目前，我国港航产业正从依托资本和劳动力驱动向依托创新驱动的发展模式转变。这一转变促使港航后勤服务企业间的合作更加紧密，从而形成了阶段性的以港口为核心的空间集聚现象。港航后勤服务产业的空间集聚推动了港口功能的演进升级，为打造地区港口经济圈奠定了有利的基础条件。因此，研究港航后勤服务要素空间组织问题具有重大的理论价值和现实意义。

（1）有利于优化港航后勤区域服务要素的空间配置。通过掌握港航后勤服务要素空间演变的过程，可以认识不同类型服务要素的空间集疏规律。从而，可以根据不同要素演变的特征，合理配置资源，发挥要素对港口经济的推动作用，实现区域经济发展效率的最大化。

（2）有利于加快港口与城市之间的相互发展。通过发展港航后勤服务业，推动港口体系的转型升级，进而带动相关临港产业的快速发展，加快区域经济的产业转型和升级，促进区域经济朝着价值链高端发展，提升港口城市综合竞争力和经济发展的可持续性，进而促进港口城市和周边地区经济的协同发展。

（3）有利于承接全球性的高端航运产业转移。当前的港口航运产业正呈现向亚太地区转移的趋势，这一航运产业转移趋势必然导致依托其发展的航运服务业也面临同样的空间变迁。为此，充分认识港航后勤服务要素与港口体系间的关系，将有助于培育与港口规模相匹配的港航后勤服务产业。通过全面提升港航后勤服务发展能级，助推以高端港航后勤服务组织集聚为基础，以大宗商品贸易、航运金融、港航信息配套服务为辅的港航后勤服务集聚区的建设与发展，合理布局相关的港航后勤服务产业，为承接这一历史性的产业转移提供准备。

第二节 文 献 综 述

分析港航后勤服务要素的空间组织及其对港口体系的影响，需要涉及多方面的理论知识。为此，需要对前人的研究文献进行梳理，以期获取相关领域的研究支撑。本书分别对港口体系、港航后勤服务要素、新经济地理学研究等相关领域的研究现状进行整理，并作相应的理论回顾。

一、港口体系研究综述

在地理研究学科中，港口地理方向一直以来都是学者们所关注的热点领域和重点视角。目前与港口体系相关的国内外研究主要集中在以下几个方面。

（一）港口体系形成演化模型研究

港口体系空间结构演化及其形成机制的研究一直以来都是港口地理学领域的主流和关注热点，其中最为经典的是 Taaffe 模型和 Hayuth 模型。Taaffe 等（1963）通过对尼日利亚沿海诸港空间相互作用过程的科学实证，发现随着陆向腹地交通网络的不断发育完善，港口体系内货流有逐步趋于集中的趋势，而导致这一现象的主要机制是规模经济。据此 Taaffe 归纳出孤立港口—支线贯通—港口袭夺—格状线路—港口集中—交通走廊与门户港口形成等六阶段演化模型。20 世纪 80 年代初期，Hayuth（1981）通过对美国沿海集装箱港口体系的实证分析，也发现了类似 Taaffe 模型所揭示的规律，即随着陆向腹地交通网络的完善，在规模经济等机制的作用下，集装箱港口体系先后要经历准备期、采用期、集中期、枢纽中心期和边缘挑战期五个阶段。在前四个阶段，箱源逐步向某一具有先发优势的港口集中，但在第五阶段，随着规模不经济、岸线资源约束等限制性因素的加剧，箱源开始向中心枢纽港周围条件较好的边缘港口分流，即出现"边缘挑战"（challenge of the periphery）现象。针对这一现象，一批学者以不同区域为实证对象进行了一系列深入研究，从而不断修正和完善了 Hayuth 模型。近年来，Notteboom 等（2005）对上述模型进行了进一步扩展，增加了"港口区域化"（port regionalization）新的演化阶段，强调随着港口、腹地货物中心、集装箱站点、集疏运系统等之间的逐步整合，港口与腹地将不断趋于融合。

与此同时，国内学者通过对我国沿海集装箱港口体系的实证分析，在证实 Hayuth 假说的同时，也不断修正和丰富 Hayuth 模型。如曹有挥等（2003）以我国长江下游沿海集装箱港口群为对象，对集装箱港口体系的发展过程进行了科学实证。由此可见，港口体系形成演化模型的研究源远流长，已逐步趋于完善。但正像 Rimmer 等（2009）所评论的那样，上述模型的局限性也是显而易见的，主要表现在，整个理论模型是建立在陆向腹地单一维度上的，模型过于关注腹地规模和港口作为自然门户的作用，认为这些是导致运量变化的主要因素。但事实上，随着经济全球化进程的不断加快，海向腹地和港航后勤服务维度上出现了很多包括班轮服务网络结构、船公司、全球码头运营商、港航后勤企业等在内的新因素，对港口等级和货物流向也产生了很大的影响作用。

（二）基于全球价值链视角的港口地理研究

随着港口嵌入全球化生产与流通过程的趋势愈加明显，2000 年以来，开始有学者以全球价值链视角针对集装箱港口及其地域组织展开了研究。Robinson（2002）认为，在迅速全球化的市场环境里，随着全球供应链的建立，原先把港口作为海陆运输界面的传统研究范式已不合时宜，而应将港口视为价值链系统的要素而加以研究。作为一项实证研究，Carbone 等（2003）以雷诺汽车供应链为例，对勒阿弗尔港的功能转型进行了分析，研究表明，在供应链整合背景下，供应商、承运人、客户等价值链环节在供应链中的作用正在改变，港口的战略意义也随之发生变化。Song 等（2008）对供应链一体化下的港口在运输成本、服务质量、可靠性、定制化服务、响应速度等方面的性能进行了测度，认为港口作为供应链中的节点，应该起到更为重要的战略作用。从大方向来看，以全球价值链或供应链的视角对港口进行研究，是一个较新并在持续拓展深入的领域。国外学者早期对于这一领域的研究总体上还处于探索和概念形成阶段，但近年来已有不少学者基于定量模型进行实证研究。而国内对于该领域的研究尚处于引进和讨论概念阶段，基础非常薄弱。

（三）多维度的港口体系空间转型研究

自 20 世纪 90 年代以来，针对全球主要港口体系出现的空间转型现象，港口地理学界从不同维度展开了研究。首先，陆向腹地维度的空间形态转型研究进展显著。Goulielmos 等（2002）在对地中海集装箱港口的供给与需求分析中，发现了原先港口体系的单一门户港正被多门户港取代。随后，多门户港口区域这一空间转型现象引起极大关注。Veldman 等（2003）在对西北欧和莱茵河-斯海尔德河三角洲集装箱港口体系的研究中也发现了这一现象。2010 年，Notteboom 进一步通过运用赫希曼-赫芬达尔指数（Hirschman-Herfindahl index，HHI）和年均净偏移系数（average annual net shift，AANS）等分析工具，对欧洲集装箱港口体系的空间转型进行了深入探讨。结果表明，1994 年以来，欧盟成员的增加、远东与欧洲贸易联系的加强、大型船公司服务网络的扩展等促使了欧洲集装箱港口体系出现了鹿特丹、安特卫普、阿姆斯特丹等多个门户港口。与此同时，国内学者如王列辉（2007）在分析上海、宁波两港空间关系时也关注到这一空间转型现象。其次，海向腹地维度的航线重组研究十分活跃。Lam 等（2011）选择港口的船舶年挂靠频率与年均船舶箱位量之积，即年箱位量为关键表征参数，通过分析集装箱航运网络的服务模式来解释供应链管理中港口的连通度和港口间联系强度。Veldman 等（2003）探讨了决定路径选择结果概率的分对数模型。Anderson 等（2008）对评估港口运营商策略的博弈理论进行了研探。与此同时，国内学者韩增林等（2002）基于世界集装箱运输发展及集装箱网络构成研究了我国国际集装箱运输网络的布局及优化。王成金（2008）则在航运企业的组织行为的基础上，对全球航运网络的基本格局与空间体系进行了考察研究。

二、港航后勤服务要素研究综述

自 20 世纪 70 年代末以来，随着航运业的持续发展，港航市场正逐渐从"工业经济"转向"服务经济"，港口的服务质量已经成为市场关注的重要因素。由于货主对航运衍生服务的需求日益提升，港航后勤服务水平的高低已成为衡量港口软实力的重要指标，并直接影响港口市场的竞争力。在港航后勤服务业的重要性日趋凸显的情势下，该领域的研究已受到国内外学者们的青睐，并成为港口地理学界研究的热点。目前与港航后勤服务要素空间组织相关的国内外研究成果主要集中在以下几个方面。

（一）港航后勤区域形成与发展研究

国际港口地理学界对于港航后勤区域的研究源于"腹地"概念的出现。20世纪 60 年代后期，集装箱的发展给航运带来了巨大的改变，显著提高了海运运输的经济性。集装箱船舶和装卸设备的资本密集性促使其追求更高的利用效率，从而导致货流不断向区域中的一两个大港集中，并且使周边的其他港口边缘化。Mayer（1978）进一步分析了高速公路网络的发展对提升主要港口竞争优势的作用，发现港口往往靠近能够提供货源和服务的大市场。与此同时，国内也有相关研究，如梁双波等（2011）以上海港为例初步探讨了港口后勤区域的形成演化机理，并提出四阶段的港口后勤区域演化模式；曹卫东（2011）分析了上海港口后勤区内主要港航企业的区位特征以及空间联系，证实了后勤区港航企业具有明显的空间聚集特性。总体来看，现有的研究主要集中在物流、运输等传统后勤服务要素。而事实上，在经济转型升级不断深入的背景下，金融、信息、法律等后勤服务要素对港口能级和货物流向的影响日趋重要。

（二）港航后勤服务要素功能结构的研究

国内学者认为港航后勤服务业是与港口航运活动直接联系或是由港口业务所衍生出的港航后勤服务活动的集合。根据港航后勤服务产业对港口及港口城市的不同影响，可以总结出不同的功能加以区分。

陈欢（2016）认为在经济全球化、技术变革等多重因素的共同作用下，港航后勤服务要素的功能结构演变呈现出三个阶段。就枢纽港口城市内部港航后勤服务业的空间演变情况而言，传统类港航后勤服务要素由于受到土地租金和港口布局这两方面因素的影响，其空间分布呈现出租金驱动和资源导向相结合的趋势，即向城市外围地区港口的转移；而代理与衍生类港航后勤服务要素由于一般不需要占用较大面积的土地，且在城市核心区的集聚可以降低其交易和接触成本，因而表现出较强的经济集聚指向。高志军等（2011）按照港航后勤服务要素的形成和功能演化过程，将其分为以水路运输为主的孕育期，以供应服务、代理服务、船舶劳务和船舶修理等中间航运服务业为主的发展期，以高端航运服务开始集聚为特征的形成期，以及以知识密集型高端航运服务为核心的成熟期等四个阶段。基于产业生命周期理论，张颖华（2010）指出港航后勤服务产业的成长可以分为低级、中级、高级和后高级四个阶段，并对每个阶段的功能特点、市场需求、技术水平、专业化程度和产业规模等特征进行了分析。金嘉晨等（2013）和张其林等（2014）运用生命周期理论对港航后勤服务要素的演进过程进行了研究，认为港航后勤服务要素的演变遵循形成期—成长期—成熟期—进化期/衰退期的过程，并对此过程中航运相关产业结构的演变情况进行了研究。王任祥等（2010）指出港口与物流服务链上的相关企业呈现出一种相辅相成的关系，加强港口与港航后勤服务业的协调合作是港口发展现代物流的一条捷径。

（三）影响港航后勤服务要素空间演变的驱动要素研究

所谓港航后勤服务产业空间演变的动力机制，是指港航后勤服务产业在非特定外界干预及与外部环境的相互作用下，以提高港航后勤服务的空间配置合理性为目标，所形成的促动机制。驱动要素是动力机制的重要根源，决定了空间演变的方向和趋势。研究港航后勤服务产业空间演变的动力机制有助于认识其空间演变的本质。Benito 等（2003）基于波特的钻石模型对挪威港航后勤服务要素集群发展进行了分析，认为航运业的需求状况、企业的发展战略、相关支持产业的发展和政府的政策等共同构筑了挪威航运集群的竞争优势。Doloreux 等（2009）研究了加拿大境内三个不同区域的港航后勤服务要素集群，并对三个集群发展的内生动力与过程进行了深入分析，发现航运相关政策是促进港航后勤服务要素集群发展过程中必不可少的支撑条件。

国内学者邹莉（2006）和张颖华（2010）提出政府通过制定保税区和自由港政策、降低交易费用、引导专业化分工等措施为港航后勤服务要素的集聚提供了可能。高志军等（2011）将港航后勤服务业集聚演化的理论基础归纳为专业化分工理论、新经济地理学和聚集经济理论，并且从政策导向、相关企业服务的整体性、信息与公共设施的共享、持续的创新能力等内生动力和外部规模经济、城市化水平、分工与专业化、外商直接投资等外生动力两个角度对港航后勤服务集聚区发展演化的驱动机制进行了分析。之后，高志军等（2012）又对上海市北外滩港航后勤服务产业发展进行了实证研究，结果表明历史积累和资源禀赋要素是港航后勤服务业集聚的良好基础，航运业与金融业的融合在港航后勤服务要素集聚过程中起到了有力的助推作用，城市化、分工和规模经济是港航后勤服务要素集聚的内生动力，公共服务、制度创新、国家战略及政策导向等因素是港航后勤服务要素集聚的外生动力。金嘉晨等（2013）提出航运产业集群的演进动力由资源禀赋、专业分工、知识溢出、成本调控等密度机制以及政治、经济、科技、文化等非密度机制共同决定。崔园园等（2014）认为航运产业集群形成的驱动力在于企业间追求成本降低以保持竞争优势，从而表现在空间上的集聚。

综上所述，港口腹地、港口区位、政治因素、经济因素、国家政策等外部驱动因素和技术创新发展等内部驱动力对空间集聚具有很大的影响作用。

三、新经济地理学研究综述

Krugman（1991）的新经济地理学将"地理"与"空间"的思想引入经济学研究，并得到主流经济学界的认可。他基于规模报酬递增、垄断竞争与路径依赖的空间集聚分析依然能够为发展中国家的经济现状提供理论解释。本书再次梳理了 Krugman 的新经济地理学主要思想，从空间研究视角分析港航后勤服务要素发展的新经济地理学规律，并且诠释港航后勤服务要素空间演变的动力机制。将新经济地理学的思想结合到港航后勤服务要素研究中来，有助于形成更为规范的理论解释。

2017 年距 Krugman 出版标志新经济地理学诞生的《地理和贸易》一书已有 26 年，距其因在新经济地理学领域的开拓性贡献（当然，其贡献还包括贸易模式等方面）而获得诺贝尔奖也已过去 9 年。Krugman 在新经济地理学方面的工作，使长期被经济学所忽视的经济地理研究开始进入主流经济学家的视野，并且使"地理"和"空间"的思想逐渐引起经济学研究的重视。当然，新经济地理学研究的开拓并非一帆风顺。自 Krugman 的研究之初，便遭到了来自像 Martin 等（1996）经济地理学家的质疑，认为其研究范式与主流的经济地理学大相径庭，因而称其为"地理经济学"。而之后 Martin（1999）在模型分析方法、空间处理方式、冰山成本假设的有效性以及该理论的现实应用性等方面提出了批评。但是，新经济地理学对空间集聚与全球化等方面的解释的确开辟了新的研究途径，并且对于分析发展中国家的产业集聚现象十分有效。

过去，不少国内学者以不同方式解读过新经济地理学理论，如顾朝林等（2002）。本书试图重新回顾 Krugman 的新经济地理学理论，探寻新经济地理学对当前港航后勤服务发展的启示，通过找出其中的契合点，以期为港口体系转型发展提供理论解释。

（一）Krugman 的新经济地理学思想

新经济地理学的研究发轫于 20 世纪 90 年代，继经济学家 Krugman 将地理空间作为核心要素吸纳到主流经济学的研究范畴之后，Fujita 等（2004）主流经济学家在该领域取得了大量的研究成果，进而激励了许多经济学与地理学者加入进来，促进了经济学与地理学的跨学科交融。近年来，更有学者将企业异质性纳入 Krugman 的新经济地理学模型中，提出了所谓的"新"新经济地理学。而这些研究均源自于 Krugman 开创性地将规模报酬递增和垄断竞争分析工具运用到了空间经济结构变化过程之中。

Krugman 的新经济地理学强调报酬递增和内生化比较优势，运用经济学领域的数学模型方法，来解释经济活动的空间现象和空间过程。Krugman 研究的主要现象是产业的空间集聚和区域经济的增长动力，构建的模型是"核心-边缘"（D-S）模型，基于的假设是规模报酬递增、Dixit-Stiglitz 的垄断竞争和 Samuelson 的冰山运输成本。

1. "核心-边缘"模型

Krugman 的"核心-边缘"模型是新经济地理学的核心模型。他认为在经济活动中存在着促进空间集聚向心力和离心力的竞争，并且是通过两者的合力来确定经济活动的空间地理位置分布。空间经济集聚的向心力是由"本地市场效应"和"价格指数效应"分别从企业与消费者行为选择的角度共同作用而形成，为经济活动以及人口在空间上的集聚提供了动力源泉，而"市场拥挤效应"则是一种促使厂商空间分散的离心力。Krugman 认为"核心-边缘"模型的实现取决于运输成本、规模经济以及制造业在国民收入中所占的份额，其相互之间作用导致空间分布的不平衡。当运输成本逐渐降低、规模经济达到一定程度时，产业和经济活动会不断向核心区域聚集并循环累积。也就是说，经济活动将自发地形成一个"核心-边缘"模型。"核心-边缘"模型是新经济地理学理论中最有代表性的关于两部门的一般均衡区位模型。当然，通过比对产业机会成本，可以发现具有较低生产成本的边缘区吸引力会增大，从而也会缩小核心区域和边缘区域的差距。

需要注意的是，经济地理集聚的形成是某种力量积累的历史过程。这也就得出了"核心-边缘"理论具有可以预测一个经济体中经济地理模式渐进化过程的功能：初始状态时，一个国家的地理区位可能有某种优势，它对另一地区的特定厂商具有一定的吸引力，并导致这些厂商生产区位的改变，一旦某个区位形成行业的地理集中，则该地区的聚集经济就会迅速发展，并获得地区垄断竞争优势。

"核心-边缘"模型对于港航产业同样适用。在报酬递增的条件下，处于核心的是港口区域，边缘的是港航后勤服务产业区域。在港口资源不可流动的假设下，其活动范围总是聚集在港口周围，从而使运输成本最小并取得递增报酬。"核心-边缘"模型也恰好解释了沿海港航后勤服务产业随着服务功能的不断深化，以港口为中心出现了空间集聚的现象。

2. 报酬递增

报酬递增是指经济上相互联系的产业和经济活动受益于空间位置上的相互接近而产生的产业成本节约，为解释贸易问题的发生提供了理论基础（Krugman，1991）。报酬递增的思想最早可以追溯到亚当·斯密的《国富论》。亚当·斯密首先从企业组织的角度阐明了报酬递增产生的过程，认为其来源于生产力的劳动分工。而马克思重新思考了分工与市场规模的关系，认为报酬递增是来源于资本主义社会独特的社会分工（企业内部和企业之间），同时强调了由于分工与收入的不匹配会导致资本主义的经济危机爆发，这极大地推动了报酬递增理论的发展。马歇尔提出企业所在产业的发展是企业规模的决定性因素，外部经济的自然增长是报酬递增的唯一源泉。

Krugman（1998）认为报酬递增实际上是一种区域和地方现象，新经济地理学的含义主要建立在报酬递增、规模经济和不完全竞争的理论基础之上。其中技术和资本使产业活动趋于集聚，租金和工资成本等因素使产业活动趋于分散。新经济地理学认为空间集聚得益于产业的地域化和历史上的优势，而市场规模经济的递增是产业的集聚促进因素。规模报酬递增使各种产业和经济活动向某一区域聚集，是促使产业在空间不平衡分布上的根本动力，也是导致空间集聚的根本经济力量。经济上具有关联性的产业或经济活动通过空间关系可以降低生产成本和空间成本，但报酬递增的存在，使地理位置、社会资源、经济发展等集聚因素所发生的变化不会影响空间的集聚程度。报酬递增使得产业的空间集聚规模循环积累。新经济地理学强调规模经济与运输成本之间的相互作用，认为低运输成本能够促使企业向规模较大的市场聚集，从而形成区域性的产业空间集聚。而消费者为了追求利益的最大化，也会向生活成本低的区域聚集。

港航后勤服务产业中，小企业占绝大多数，这样的企业经营范围存在很大的局限性，但当经济圈内通过企业的不断分工和专业化程度的进一步提高，使得市场范围持续扩大和深化，通过凸显以服务为导向的经营理念，达到集聚港航后勤服务功能异质群体以提升附加价值的目的。因此，专业化导致的产业之间的供求交叉与融合也是报酬递增的一种途径。

　　3. 产业集群

　　陈柳钦等（2005）将产业集群定义为产业发展过程中的一种地缘现象，是指一定数量的同类或相近产业的企业在一定地域范围内的集中，吴爱存（2015）提出产业集群形成了上下游结构完整、相关支持性产业体系健全的合作关系，它代表着介于市场与等级制之间的一种新的空间经济组织形式，其核心在于企业与社会以及企业与企业之间的互补性关系，这种关系不仅有利于获得规模经济，也具有相对更大的灵活性，通过互动式的学习，加速了创新过程的实现。Krugman 认为促进产业地理集中主要包括市场规模效应、充裕的劳动力市场和纯外部经济性，其在新经济地理理论中肯定了新古典经济学中外部经济性的思想，认为这是影响经济活动在地理位置上趋向集中的主要因素。只是在此基础上，Krugman 又重新诠释了马歇尔的观点，认为产业地方化现象有三个原因：生产要素禀赋、中间环节效应和对物流技术的使用，其实它们都产生了来自供应方面的外部经济性。

　　产业集聚是经济发展在空间上的表现，也是当今世界经济发展的一个普遍现象。从全球范围来看，发达经济活动多在西方发达国家产生集聚效应，落后的发展中国家则处于世界经济的外围。就国家范围看，较少数的地区会产生工业活动的集聚效应。单从一个区域范围来看，高效率的经济活动也总是集聚于少数大城市和中心城市。产业集聚是规模经济、运输成本和要素流动三大因素相互作用的结果。从降低运输成本出发，发展港航后勤服务产业可以促进区域经济集聚，培育区域经济的增长极。通过现代物流及相关技术的发展，可以有利于运输和交易成本的节约，强化"需求关联""成本关联"和"外部规模经济效应"，进一步促进经济活动的集聚。

　　新经济地理学认为区域经济的增长与空间集聚起相互决定作用，经济增长存在区域集聚性。也就是说，区域经济增长和空间集聚具有相互作用，两者之间相互影响、相辅相成。并且空间集聚能够通过降低运输成本来促进区域经济的增长，这是一个不断强化的循环累积的过程。区域经济活动的区域一体化程度是由资本的溢出效应、劳动力的流动性和运输成本所决定的。当资本溢出及劳动力的流动随区域一体化程度增加时，将产生更大规模的空间集聚，且核心和边缘地区的贫富差距将进一步扩大。但是，如果存在某些不可流动的因素的抑制，核心区域的劳动力成本和拥堵成本便增加，经济活动的扩散和区域集聚程度也将减弱。

4. 企业异质性

在新经济地理学发展过程中也有许多不可忽视的因素，虽然新经济地理学认为经济主体空间布局问题是由微观主体内生决定的，尽管我们可以假设企业和劳动力等微观主体具有一致性，但是现实世界中仍然存在企业生产率、劳动力技能水平、消费者偏好等异质性。企业在市场竞争中取得优势地位，则必须具有灵活的应变能力和适应能力。因此，企业必须提高其劳动生产率并取得区位优势，以最大限度地提高其市场份额和竞争力。但是，企业在选择最佳区位时，往往会遇到各种因素的制约，也反映出只有较具竞争力的异质性企业才能在竞争日益激烈的区域经济一体化进程中得以生存与发展。因此，这种微观主体的异质性也极大地影响了经济活动的空间分布。以企业异质性为重要观点的"新"新经济地理学理论为经济地理学研究提供了一个新的视角，是 Krugman 新经济地理学理论研究的重要延伸。

Ottaviano（2011）研究企业异质性的区位选择与空间集聚关系得出的突出结论是企业异质性下存在企业的主动选择效应，是一种新的重要作用力，会显著影响经济活动的空间布局。企业之间在成本和效率等方面存在的异质性对于企业的市场竞争力状况具有直接决定作用，也是影响企业区位选择以及空间分布的重要微观因素。Baldwin 等（2006）指出由于异质性的存在，企业的空间布局会存在两种效应，即选择效应与分类效应。选择效应指的是市场规模较大的区域存在激烈的竞争，由于高生产率企业具有更低的边际成本，能够在激烈的竞争中生存下来并且出售更多的产品和节约更多的运输成本，所以高生产率企业选择布局在核心区以占领更多的市场份额。而低生产率企业为了避免竞争，选择布局在边缘区，通过贸易成本等障碍来维持市场份额。也就是说，企业异质性具有分散作用，且贸易自由度和产业差异化程度越低，企业异质性越强。而分类效应是指在一定程度上增加边缘地区产业份额的政策将会导致不同生产率的企业产生分类，即高生产率企业在核心区集中，而低生产率企业则迁移至边缘区。正因为分类效应的存在，高生产率的企业大多集中于核心区，且大多数企业具有出口和内销的能力，所需市场关联的专业化程度相对较强，而产业多样化和市场规模庞大吸引高效率企业在核心区域集中。

Melitz（2003）通过建立异质性企业垄断竞争模型研究异质性企业对市场规模以及贸易自由化的影响，最后延伸到对地区经济福利分配的影响。他认为，企业的异质性既体现在内生差异上，也体现在外在环境的差异上。然而，他忽略了企业在发展过程中所积累起来的核心竞争力与知识累积效应，类似这些因素恰恰是造成企业间差异的关键因素，并且是无法通过改变环境等手段来消除或降低由于这种异质性所引发的区域经济发展差异。此外，区域资源禀赋等因素对企业区位的选择起决定性作用，而企业区位的选择则对企业的发展程度和规模起决定性作用，从而决定了地区经济的发展程度。

"新"新经济地理学假定企业生产率为外生、随机因素给定，市场竞争只会影响异质性企业和个人的区位选择，而不会影响企业和个人自身的生产率。然而，经验表明，面对激烈的市场竞争，异质性企业和个人可以通过不同方式提高自身的生产率。例如，异质性企业可通过调整技术、内部组织、产品范围、产权结构等多种途径提高自身的竞争力。因此，将微观主体异质性内生化，无疑可以更好地刻画微观主体与环境的互动关系，更加有效地解释经济活动的空间分布。

传统贸易理论最主要的部分是具有不同功能的生产要素禀赋对产业发生空间演变影响的研究，认为生产要素具有的先天优势对产业集聚起到至关重要的作用。而 Krugman 提出的新经济地理理论则强调规模报酬递增是产业集聚的根本原因，认为规模报酬递增、社会分工深化、生产率提高这些"后发优势"才是促使产业集聚的重要原因。总的来说，新经济地理学理论充分糅合了"先天优势"和"后发优势"两大因素，认为在两个因素的共同作用下才促成生产的区域性集中，进而形成产业的空间集聚。即新经济地理理论引入了报酬递增和运输成本的理论，为解释产业的空间集聚、区域经济增长等问题提供了基础。

Krugman 的新经济地理学主要是基于其新贸易理论，通过规范分析模型来揭示经济活动的地理空间结构。所以，Martin 等（1996）认为 Krugman 的贡献在于使主流经济学家开始考虑空间结构问题。不过事实上，数理模型早已被主流经济地理学家所放弃。因此，经济地理学界对于新经济地理学的质疑仍将持续。

（二）港口发展的空间研究视角

近年来，随着制造业不断向以中国为首的发展中国家转移，亚洲尤其是中国港口的货运量激增，促使世界港口运输也随之转向亚洲。2017 年，全球集装箱港口吞吐量前十位均为亚洲港口，在全球港口货物吞吐量前十位中亚洲港口也占据了八席。与此同时，区域内的港口之间及港口群之间竞争也愈演愈烈，并推动区域港口的空间重组和一体化进程。在这种背景下，传统的比较优势如自然资源、劳动力以及税收等政策性优势，在港口竞争中的依赖性逐渐弱化，而地理空间要素的重要性日渐凸显。这便为从新经济地理学的视角分析港口发展问题提供了支持。

新经济地理学提出的目的是为了分析制造业的产业集聚现象，而港口产业并未纳入其研究范畴。而且，新经济地理学将运输视作成本加入模型之中，并未将其作为单一的运输业来看待。但当我们将新经济地理学理论与港口发展相比照，却发现港口产业同样适用于这一经典理论。

新经济地理学认为规模报酬递增会促进产业空间集聚。在一个"核心-边缘"结构的经济区域里，由于规模经济的作用，产业会形成集中化的趋势。通过缩短地理空间距离，获取规模效应所产生的超额利润。港口产业由于先天的寄生性，必须依托天然的自然资源。因此，更容易形成"核心-边缘"的产业空间结构。港口生产要素在港口区域的集中，为该地区提供更为廉价的港口物流服务创造了便利，从而使该地区形成巨大的港口物流服务市场。而运输工具的大型化趋势又进一步促使货源向核心港口集中，随之形成强大的产业空间集聚力，为规模经济的实现创造了有利条件。

新经济地理学认为产业的空间集聚具有累积性。一旦某种产业在某一地区形成空间集聚，便会吸引大量的中间产品生产企业入驻，并不断扩大投资，然后推动最终产品的生产规模扩大，最后影响到终端市场。这一过程循环往复，能够使该地区的规模效应不断累积，并最终拉大与周边地区的产业差距，即"路径依赖"。从港口产业的发展规律来看，当某一港口的吞吐量形成一定规模，便会吸引船公司、货代、报关以及船舶供给等企业的集聚。为了满足港航企业对于港口货源的需求，港口往往会增加航线，扩大腹地范围，从而提升港口的通达能力。而航线的增加又会吸引更多的港航企业入驻，周而复始，形成良性循环。当产业集聚到一定程度，又会进一步派生出航运金融、保险、法律等高端产业，从而巩固产业集聚优势，形成功能完善的航运中心。因此，如新加坡、中国香港、鹿特丹等世界大港的航运地位往往经久不衰，很难被同区域的其他港口所取代。

国内学者对于该领域的探讨也有一定基础。吴旗韬等（2011）指出区域港口体系的结构和层次是不断变化的，且港口体系演变呈现集中和分散两种趋势。区位因素是影响港口体系结构的主要因素，也是港航产业空间集聚的重要驱动力。谢燮（2008）把港口城市及其腹地看作是竞争的主体，运用 Krugman 的"核心-边缘"模型探讨区域之间运输条件的变化对港口竞争格局的影响。研究证实劳动力迁移和产业迁移导致港口城市竞争力的此消彼长，并最终反映在港口货物吞吐量上。

（三）新经济地理学对浙江港口改革发展的启示

浙江是港口经济大省，浙江发达的民营制造业为港口提供了源源不断的货源。浙江的港口发展历史悠久并具有深远的国际影响力。从历史的角度来看，最早的句章港建于公元前 473 年，距今近 2500 年。从国际的角度来看，世界知名的波罗的海干散货指数（Baltic dry index，BDI）中的三条铁矿石航线，有两条连接北仑。由此可见，浙江港口的发展拥有足够的历史传承深度和国际影响广度。

从港口整合的角度来看，浙江港口的发展大致可以分为自我发展、宁波舟山港口一体化、全省港口一体化三个阶段。第一阶段为自我发展时期，大致是从改革开放至 2005 年宁波舟山港一体化之前。在这 20 多年时间里，浙江省主要港口都专注于自身建设，并取得了长足的发展。到 2005 年，浙江主要沿海港口货物吞吐量已达 4.3 亿 t，宁波港已跻身世界第四大港。第二阶段为宁波舟山港一体化时期，大致是从 2005 年底宁波-舟山港管理委员会成立至 2015 年浙江全省海洋港口一体化之前，这十年也是宁波舟山港口整合的磨合期。在此期间，统一名称的宁波舟山港连续七年雄踞全球港口货物吞吐量第一位，集装箱吞吐量接连超越釜山、香港跻身全球第四。同时，宁波航运交易所的成立和海上丝路指数的发布，标志着浙江省已初步形成多层次的港航服务产业集群。当然，这一阶段的宁波舟山港口一体化进程并不十分顺利。第三阶段为全省港口一体化时期，大致是从 2015 年 8 月浙江省海港投资运营集团有限公司成立开始。这一阶段时间并不长，但已经完成了宁波舟山港集团的整合，使宁波舟山港步入了实质性一体化。可以预见，浙江省内宁波舟山港、嘉兴港、温州港、台州港的整合大戏即将上演。

从新经济地理学的视角重新审视改革开放以来的浙江港口发展，可以看到浙江港口的建设与成长之路，完全地验证了 Krugman 在其新经济地理学文献中所描述的产业空间集聚现象，甚至于政府所强力推动的港口一体化政策持续促进了"核心-边缘"模型的实现，并且进一步强化了核心港口发展的"路径依赖"。根据新经济地理学所阐述的产业空间集聚发展规律，结合浙江港口发展改革实践，并认真审视"一带一路"倡议、长江经济带建设等的要求，本书从浙江海洋港口发展"十三五"规划中提炼了三个关键任务，并做了新经济地理学诠释。

1. 通过打造港口经济圈，加快港口产业空间集聚

港口经济圈的核心是港口。因此，浙江港口经济圈的打造也必须围绕宁波舟山港这一"核"。在全省港口一体化的大趋势下，应当将港口产业发展要素有序地引导到核心枢纽港，在邻近港口区域设立产业集聚区，实现港口产业集聚。Krugman 的"核心-边缘"模型认为优势资源必然会集中到"核心区"。而浙江港口一体化的战略能够从政策层面加速引导港口产业的空间集聚，形成规模优势。当然，如何正确处理好"核心区"与"边缘区"的产业分工协作，在发挥好"核心区"产业集聚优势的同时，兼顾"边缘区"的发展诉求，也需要引起决策层面的关注。

2. 通过打通多式联运通道，强化港口产业空间集聚路径依赖

在宁波舟山港一体化之前，宁波港早已因其优质的深水岸线和深远的国际影响力而奠定了世界大港的地位。港口产业也早已成为该区域的支柱产业，并促成了石化、电力、服装、机械制造等临港产业的空间集聚。Krugman（1993a）认为产业集聚的区位具有历史依赖性，空间集聚一旦形成便会不断延续，最初的优势会因为路径依赖而放大，从而产生锁定效应。目前，从宁波舟山港的吞吐量规模来看，港口规模优势已十分明显，瓶颈主要在于后方集疏运通道。如果能够顺利打通江海、海河、海铁、海公等全方位的多式联运通道，进一步提升港口腹地通达性，降低运输成本，那么必然能够强化这一区域产业集聚的路径依赖度，巩固产业集聚优势。

3. 通过发展港航服务业，促进港口产业空间集聚规模累积

Krugman（1993b）认为产业空间集聚有助于丰富中间产品的生产，进而推动生产端与消费端的规模扩张，实现集聚区的规模累积。随着浙江港口尤其是宁波舟山港向第三、四代港口转型发展，传统港口业务已无法满足临港产业的需求。因此，加快发展港航服务业，丰富港航服务功能，尤其是提供物流、信息、金融、法律等专业化海事服务已成必然趋势。多层次全方位的港航服务产品供给，能够极大地促进港口产业的规模拓展，进而吸引消费端增长，这也是港口供给侧结构性改革的内在要求。

从经济地理学视角解读浙江港口和港航产业的发展历程，有助于认识过去与现在的很多产业发展现象，也能够为未来港口与港航产业的发展提供理论和经验支撑。基于经济地理学的思考，港航后勤服务要素发展将是未来浙江港口发展的重中之重，也是浙江港口能否顺利转型、更进一步的关键。

本研究以港航后勤服务要素作为研究对象，从经济地理学视角系统探究港航后勤服务要素发展的科学问题。研究有别于先前较多使用的经济、管理分析方法，融入了空间分析要素，运用多学科分析方法，完整揭示港航后勤服务要素的空间演变规律及其对港口体系的影响。研究既有助于丰富该领域的理论成果，也能够为浙江港口体系转型发展和争取建设自由贸易港提供决策支持。

第三节　研究内容

面对港航后勤服务逐渐成为港口地理学研究热点的总体趋势，本书在对港航后勤服务要素的基本概念、特征和演化阶段进行初步界定和描述的基础上，基于 GIS 技术刻画和描绘港航后勤服务企业空间布局特征与演变过程，从"新"新经济地理学的视角分析其空间演变机制；从协同关联度、协同效率两个视角分析港航后勤服务要素与港口体系协同关系；基于系统动力学构建港航后勤服务业对港口体系的影响模型，最后以宁波为例提出促进港航后勤服务要素进一步发展的政策建议。本书的研究内容共分为六个章节，各章节的内容设计与框架如图 1-1 所示。

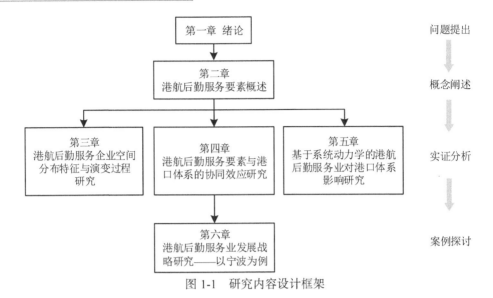

图 1-1　研究内容设计框架

具体的研究内容如下：

第一章，首先在阐述研究背景的基础上，提出要解决的主要科学问题以及研究的理论和实践意义；然后，分别从港口体系、港航后勤服务要素、新经济地理学三个方面进行理论综述，梳理相关的研究成果用以借鉴；最后，明确各章节的具体研究内容，并构建全书的研究设计框架。目的是为了让读者对研究有初步的总体认识，并有针对性地理解各章节的研究要点。

第二章，对港航后勤区域和港航后勤服务要素的相关基础理论进行总结梳理。首先从要素和服务入手，对服务要素的概念和构成进行界定；然后，详细阐述港航后勤区域、港航后勤服务要素的基本内涵以及不同的发展阶段；最后，分析港航后勤服务要素空间集聚的影响因素和国内外港航后勤服务要素空间集聚的经验启示。该章涉及较多概念的界定和区分，为后续的研究提供理论基础。

第三章，基于 GIS 技术对浙江省主要港口城市的港航后勤服务企业空间分布特征和演变过程进行详细描绘。研究运用空间点格局分析、圈层分析和热点分析等多种空间地理学分析方法，分别从总体分布格局、与交通网络关系以及城市各自演变过程等视角揭示港航后勤服务企业的空间演变特征。在此基础上，从宏观和微观两个方面，结合"新"新经济地理学理论，剖析港航后勤服务企业的空间演变机制。

第四章，分别从协同关联度和协同效率两个方面探讨了港航后勤服务要素与港口体系间的协同效应问题。首先，详细分析长江三角洲地区港口及港航后勤服务要素的发展现状；然后，基于协同理论，运用灰色关联分析法测算主要城市港航后勤服务要素与港口体系的协同关联度，以判定其协同关系；再引入DEA模型计算各城市的要素投入产出效率，以分析港航后勤服务要素与港口体系的协同效率；最后，提出促进两者协同发展的相关建议。

第五章，重点是厘清港航后勤服务业对港口体系的影响。首先，分别阐述物流业、金融业、科技业、法律业四个港航后勤服务细分产业与港口间的相互关系，并在此基础上设计相应因果关系的作用路径；然后，运用系统动力学构建港航后勤服务业对港口体系影响的系统模型，并基于宁波港口数据测算港航后勤服务各细分产业对港口的影响程度；最后，基于研究结论梳理各产业支持港口发展的可选路径。

第六章，目的是为了在前述研究的基础上，以世界第一大港所在城市的宁波为案例，为读者呈现我国港口城市的港航后勤服务业的发展现状以及未来的发展趋势。首先从历史演变、港口转型和城市发展的视角，分析港航后勤服务业发展的必要性；然后全面阐述宁波港航后勤服务业的发展现状，并在此基础上对宁波港航后勤服务业发展的优劣势及其面临的机遇和挑战进行剖析；最后提出加快宁波港航后勤服务业发展的总体思路和对策建议。

第二章 港航后勤服务要素概述

现阶段，我国港口发展已进入转型的关键期，基于传统运输、仓储服务的港口发展模式亟待改变。以港航后勤服务要素为依托，迅速发展壮大的港航服务产业已面临发展的关键机遇期。为此，必须正确认识港航后勤服务要素的发展规律，抓住高端航运产业全球性迁移的历史性机遇，实现在该领域的产业跃升。本章将在分析服务要素基本理论的基础上，以港航后勤区域为切入点，对港航后勤服务要素的内涵、分类和发展阶段进行详细阐述，然后进一步分析港航后勤服务要素空间集聚的影响因素。

第一节 服务要素的基本概念

一、要素

要素是客观事物存在并维持其运动的必不可少的最小组成单位，也是系统产生、变化、发展的决定性因素。其可以是具有同一特性和相互联系的一组现象，也可是某一确定的实体及其目标表示。

简而言之，要素是事物构成的必要因素。比如，运输功能、仓储功能、包装功能、装卸搬运功能、流通加工功能、配送功能、信息服务功能是构成物流的七大要素。要素是组成系统的基本单元，在系统中相互独立又按一定的比例组成一定的结构，并对系统的属性有着很大的决定性作用。

二、服务

服务是通过一定的工具或手段（或伴随着物质联系），消耗一定的资源，以满足客户需求为目的的一种行为或过程。服务的目标是最大限度地挖掘和开发客户的潜在价值。服务的方式具有多样性，包括具体行为、提供信息支持或者是价值导向等。服务的核心旨在为客户提供最为合适的产品和全方位、综合性的服务，及时、准确地满足客户所需的各种需求。

服务包括产品售前、售中、售后三个环节，是向客户提供相关产品或技术服务和信息等各种专业化活动的单一服务或集合。将服务的特性概括为以下几点：

（1）无形性。服务是无形的，是不以实物呈现的。首先，在消费前无法准确了解服务的内容和质量。但在消费中及消费后，可以通过客户的体验来评价服务质量的优劣。因此，在提供服务时必须把客户的满意度作为首要评价标准。

（2）即时性。服务的活动或过程是不可储存的。服务具有即时享用的属性，不可能把服务能力和资源保持下来日后使用。服务一旦被提供，若没有消费主体，那么其价值也会失去。这与产品具有本质性的区别，因此在提供服务时，需要掌握时机，发挥服务的最大效力。

（3）不确定性。服务具有高度的不确定性，每次服务的构成要素以及服务的质量是不一致的。服务提供者、服务的种类、服务可达到的程度是导致服务不确定性产生的原因。因此，为了确保并且最大限度地提高服务水平和质量，应当对提供服务的主体进行严格规范的培训和筛选，减少服务的不确定性。同时建立完善的客户反馈系统，全方位地接受客户的建议和投诉，对客户调研和追踪以及时掌握客户满意度，以备调整服务方式，降低服务的不确定性。

（4）同时性。生产和服务融为一体，服务的提供和接受是同时进行的。服务被提供的同时，也是消费者消费的过程。如果两者无法契合，那么也就无法形成有效的服务。服务的同时性对空间的要求有所差异，也就是说并不是所有的服务提供需要在同一时空，这取决于所提供服务的特性。

众所周知，企业设立的基本目的是为了在市场中得以生存，并获取可观的利润。顾客是企业赖以生存的源泉，是立足之本。如何满足客户的需求、解决客户的问题、提高服务的质量是服务型企业必须关注的问题。在提供服务的过程中，服务提供者的素质高低往往对服务的质量具有决定性作用。因此，为了给客户提供系统性、综合性的服务，降低客户的成本费用，提高服务效率，就必须配备高素质人才和完善的管理体系，以先进的服务理念和完备的服务能力为支撑，来满足客户全方位的服务需求。

三、服务要素

（一）服务要素的概念

服务要素一般指能够满足客户一个或多个需求的服务设施、服务内容、服务流程和员工技能等基础组成部分。可以将客户的某一服务需求分解细化并转化为多项服务环节或服务内容。对于一项服务环节或服务内容同时存在多个可相互代替的满足客户某方面的服务需求的情况,可将满足客户该方面需求的能够相互替代的服务要素划分为一类,作为一个服务项(即服务要素集合)。因此,对于一项客户需求,可能有包含不同服务要素的一项或多项服务与之对应,而其在满足客户需求程度方面也有所不同。与此同时,企业对不同服务要素的提供能力和提供成本也都不尽相同。

在企业能提供的服务要素能力范围内,考虑成本等约束条件,如何对服务要素进行合理配置,关系到企业服务功能的发挥程度和客户的满意度,进而影响企业的市场占有率和利润收益。所以,在进行服务要素的优化配置过程中,需要确定服务方案涉及的每一项服务在提供时所受的企业资源制约,如设备、员工的数量等。一般情况下,企业的资源提供能力以及融资能力往往会受到一定限制,这一限制往往会影响服务提供的程度和质量。因此,企业在进行服务方案设计的过程中,就需要根据自身的资源约束对服务要素的使用进行一定权衡。

随着科技发展和服务技术的进步,客户对服务的需求也在不断地增加,同时企业对自身的要求也在不断地提高。在此背景下,就要求企业所提供的服务要素更加全方位,更为多样化。企业能否提供客户所需要的服务要素以及对各服务要素的完成程度,将成为决定企业服务水平高低的关键因素。

(二)服务要素的构成

为了寻求更丰富有效的方法和手段来指导服务活动,对影响服务的相关要素结构进行分析是十分必要的。服务对象和服务方式不同,服务要素的构成也有所不同。一般来说,服务要素的构成包括土地、劳动力、资本、管理、技术、信息这六个方面,如图 2-1 所示。

从产业价值链的角度分析,可以将服务要素归类到产业链的上游、中游和下游(表 2-1)。处于上游产业的服务要素属于知识密集型要素,主要是指为服务对象提供技术、信息等服务;处于中游产业的服务要素则属于资本密集型要素,主要是指为服务对象提供资本及管理等一系列相关服务;处于下游产业的服务要素则属于劳动密集型要素,主要是指为服务对象提供土地资源及人力资源等相关业务。

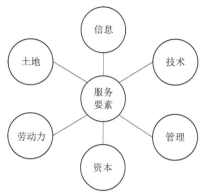

图 2-1　服务的六要素

表 2-1　产业价值链视角的服务要素分类

项目	上游	中游	下游
类型	知识密集型	资本密集型	劳动密集型
内容	技术、信息等	资本、管理等	土地、劳动力等

从分层角度来看，服务要素的构成通常包括三个层次：第一层是核心层，由大大小小的企业、公司、生产商、媒介商、土地、各种资源等组成，这是整个服务要素的基础；第二层是增值层（即提供附加值的层次），包括代理、经纪、金融、管理服务、人才培养等衍生服务行业；第三层是拓展层，是为了提高服务的质量而衍生出来的信息技术、国家政策、法律法规等相关服务，如图2-2所示。

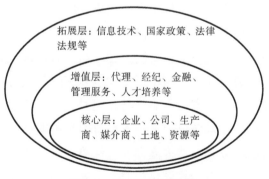

图 2-2　服务要素的分层

从理论上讲，服务核心竞争力在于集多种知识、资源、能力、技术、政策法规等为一体的有机整体，是由多种关系构成的动态系统，具有复杂的内在关系和作用机理。但从现实问题来看，又需要抓住关键点，寻找切实可行、操作简便的方法，使之行之有效。因此，服务要素必须适应经济一体化、竞争全球化、信息网络化以及各个行业的发展趋势，立足于有效地提升核心竞争力，使服务体系整体化发展。

（三）服务要素竞争力分析

服务的各要素之间不是相互独立、互不影响的，而是存在难以分割的内在联系，共同促进服务体系核心竞争力的形成与发展。环境竞争力是构建服务核心竞争力的基础，为核心竞争力的形成和发展提供土地、人才、资本、资源、能量等条件，并通过提供及时的信息反馈实现服务系统调整，从而实现核心竞争力的形成和更新。管理竞争力处于中间地位，是服务体系的根本，可以协助实现资源的合理利用和优化配置。通过内外合力的有效整合，能够达到优化项目运行、激发创新动力、实现高效管理的作用，为促进服务核心竞争力发展提供导向、动力和激励约束功能。技术竞争力处于核心地位，是服务体系的关键。技术竞争力具有集合各类要素资源的功能，使其融合转换成高质量的服务活动和服务产品，为服务体系提供信息支持和技术保障。

环境竞争力、管理竞争力和技术竞争力三者之间相互依存、相互影响，共同构成核心竞争力。只有三者共同发挥作用，才能最大限度地提升服务要素的核心竞争力。但三者之间的转化关系不是简单的线性关系，也不是以单一价值形式和形态存在的增值关系，而是复杂的非线性关系。技术竞争力必须借助于环境竞争力，并加强管理整合，从而形成优势。环境和管理的竞争优势同样无法直接体现在服务优势上，而是需要借助技术水平实现服务的融合提升。三者又存在相互制约关系，环境竞争力受制于管理竞争力，管理竞争力又受制于技术竞争力，服务竞争力同样也受制于环境竞争力中的服务对象需求、资源和资金的富足程度以及竞争等因素的影响。与此同时，环境竞争力影响着管理竞争力，管理竞争力又影响技术竞争力，技术竞争力也影响环境竞争力。总之，服务要素核心竞争力的形成和发展遵循"环境优势—管理优势—技术优势"的转化过程，是从单一经济价值形式转化为服务方式、服务产品、服务平台、满足需求等多种价值为一体的过程。

1. 环境竞争力

环境竞争力是指通过借助各种资源来认识、适应、利用、改造环境并与环境互动合作的能力，主要包括从外部环境获取有效资源的能力和对内部环境、资源、条件的利用、改造能力两部分内容。当然，由于区域、层次、类型等方面存在差异性，服务要素所处的内外部环境条件各不相同，其环境竞争力及发展水平也是不均衡的。比如欠发达地区和经济发达地区在观念、体制、政策、法制环境等方面就具有较大的差异。因此，在各种服务要素的投入过程中，必须进行合理的资源整合和优化配置，注重深层次的要素开发和利用，使各要素之间产生合力作用。

服务要素的环境竞争力受到各构成要素的影响，例如土地、劳动力、资本等。这些最基本的要素是提高服务要素环境竞争力的必备要素。土地是自然资源，是不可再生的，属于稀缺要素。所以，未来为获得土地资源需投入大量的资金，或通过产权交易市场、产权交易结构等媒介来实现。劳动力是生产服务的资源，直接影响服务作业体系。劳动力必须通过企业招聘等渠道来获得人力资源。在服务实现过程中，对劳动力工作效率的要求越来越高，关于劳动力考核、激励管理手段的投入也越来越多。可以通过提高劳动力素质，强化其终身学习的理念与机制，使其提高综合服务能力。同时，建立较为完善的培训制度和考核体系，根据不同需求设置岗位并明确培训要求，再结合业务流程对培训的计划、内容、形式以及考核标准进行设定。

随着社会分工精细化，人力资源管理、职业中介等服务业态也开始出现。而当出现资本不足，难以支持企业正常的生产经营等问题时，可以借助银行信贷、直接融资等多种融资服务的形式来获取必要的资金。此外，基础设施、交通网络等资源也是在服务过程中所需利用的资源，其完善程度也会成为影响环境能力的重要因素。尤其是在当前现代网络技术、通信技术及信息技术迅猛发展以及客户需求越来越多样化的大背景下，这部分资源的重要性开始凸显并已经逐步成为提升服务能力的重要内容。

2. 管理竞争力

组织、协调、管理、整合体现在服务过程中的要素、资源、能力以及运行过程的所有阶段、环节。管理是为了实现效率和效益而进行的决策、计划、组织、指导、实施、控制的过程，做到人尽其才、物尽其用、地尽其利。管理其实就是集合各类有效资源，充分运用管理的功能，以最优的投入获取最佳的投资回报，真正实现"1+1＞2"的倍增效应和整合效果，最终实现服务的既定目标。管理的核心是人，其最核心的问题就是最大限度地调动人的积极性、激发人的创造性和优化运行机制。

管理包括管理制度、标准规范、文化理念等内容。管理制度即在生产实践中制定带有强制性的义务并能保障相应权利的各项规章制度，其目的是为了最大限度地追求利益。管理制度一般包括企业的人事管理制度、生产管理制度、民主管理制度等。标准规范是指在运行过程中为服务对象提供服务而形成的一系列依据与规则，是工作质量的重要保证。文化理念是组织在成长过程自我形成的具有自身特点的宗旨、价值观念和道德行为准则，比如服务意识、思想定位等。因此，可以简单地将管理分为组织结构管理、标准化管理和人文管理。

服务要素的管理竞争力是指搭建在对服务本质、经验规律、时代特征、企业或组织文化和自身特点深刻认识与理解的基础之上，力求最大限度地发挥各类资源的效用，利用内外部环境的各种有利条件和机会管理整合，用最有效的方式实现服务目标的能力。管理竞争力是环境资源条件整合优化、高效运行的有效保障，也是整个服务系统按照既定目标实现资源有效利用的核心力量。通过提升服务要素的管理竞争力，能够提高服务资源建设和服务利用能力，提升服务的质量，最大限度地满足服务对象的需求并提高客户的满意度。

20世纪末，信息技术应用程度不断深化，范围不断拓展。为了适应信息化快速发展的新环境，流程再造、柔性管理、客户关系管理以及供应链管理等大量的新管理方法也应运而生。这些新颖的管理方法改变了原有的单一生产模式，演变为多服务要素投入的增值活动，使企业能够最大限度地适应市场环境变化，最大限度地满足客户需求。而这些管理方法需要通过专业化的软件和团队进行运作和管理，并以服务要素的形式投入到各运作过程中去。

3. 技术竞争力

技术可以分为有形技术和无形技术两种形态。有形技术（即硬件条件）是指技术的物理形态，是服务得以实现的基础，也是构造资源环境的物质保障，包括基础平台、应用系统等各种服务媒体技术。基础平台一般指网络平台、数据库平台等基础设施。应用系统则包括管理系统、服务系统等各类系统。无形技术是指在服务中起关键性作用的方法、技巧和理论，也包括数字化服务方法和数字化服务手段。

服务要素的技术竞争力是指基于服务过程中的信息和技术资源，以适应客户需求和企业发展要求为目标，构建和形成具有自身特色的产品、平台、机制、内容、方式等，并在各环节形成良好的交互关系，进而形成竞争优势及良好的服务水平和质量的能力。技术竞争力主要表现为服务的特色和水平，其能够使各类要素资源实现整合，转换成高质量的产品和服务，为服务体系提供支持和技术保障。通过尽可能地满足客户的个性化需求，使其能够在合适的时间、方式，为合适的对象提供合适的服务。

在现代网络环境的大背景下，由于知识经济和技术经济的快速发展，客户对增值服务的需求越来越明显，新型个性化服务也应运而生。这就要求服务体系对信息处理和加工更深层次化，以便于挖掘用户潜在的价值需求。技术进步是新型增值服务发展的重要基础，很大程度上影响新型服务业务的开展。而随着在技术进步基础上建立的新型服务业务的开展，科学研究和技术活动的内外部环境也随之不断地优化。服务创新为新技术发展带来契机，新技术的形成又反过来推动创新服务的延伸，并为之提供更加及时有效的技术保障。

在服务领域里，如何建立服务提供者与服务对象之间的互动关系非常重要。信息技术进步节约了服务沟通的成本，健全了服务内容完善的反馈机制，促进了个性化服务的实现。但从现阶段的服务发展现状来看，自主服务与服务反馈机制实现较差。因此，必须提高服务的技术含量，并且将技术支持引入服务的整个过程，同时也应当重视在服务过程中的跟踪和服务反馈。目前，服务企业或组织的资源和服务整合技术、无线网络技术和个性化服务技术还不够完善且不够均衡，因此提高服务技术水平显得尤为重要。服务技术竞争力的提升应着重做好以下三点：

（1）在做好基本的服务基础上引入新技术、新方法，并完善整个服务系统。服务系统是最基本的服务资源来源，所提供的服务信息数据需要准确、完整，以满足客户的全方位需求。

（2）加强技术服务的深度。服务不仅要保证其质量和多样化，还要进行深层次的拓展。服务不能仅局限于满足客户的当前需求，还应当通过技术提升，开发客户的潜在需求，并提供新需求的解决方案，拓展服务范围。

（3）不断地开拓新型服务。紧跟时代的步伐，开拓新的服务业务领域。通过不断地开拓新技术、新产品，实现服务技术的更新换代，以保持技术竞争力的可持续性和创新性。

第二节　港航后勤区域与服务要素

港航后勤区域是港航后勤服务要素赖以存在的空间，以港航后勤区域为核心的服务功能辐射，可以拓展港航后勤服务要素对毗邻区域的影响，提升港口的地区影响力。

一、港航后勤区域

（一）港航后勤区域发展背景

随着全球化的不断深入和贸易活动的日益加强，全球货运网络已发生翻天覆地的变化。作为港口功能的重要拓展空间，港航后勤区域已成为影响港口作业和运营效率的重要因素，并发生着持续而深刻的作用。从港口体系转型升级来看，港航后勤区域的功能结构和空间格局的演变已成为港口体系转型升级的研究重点，该领域的研究正受到相关学者的广泛关注。从学科发展趋势来看，港口空间体系的现有研究已经无法完全解释港航后勤区域的内在规律以及其对整个港口体系的巨大影响。而与此同时，实践上的重要性又促使对其规律的研究具有现实的紧迫性，并将有助于丰富港口体系的理论成果，进一步指导港口的建设实践。

改革开放以来，我国沿海地区经济得到了快速的发展。港口作为拉动经济增长的"引擎"，已成为"一带一路"倡议等持续推进的重要核心之一。在此背景下，港口之间的竞争越来越激烈。沿海各港口争相扩建深水泊位、整合岸线资源，并大规模地推进港口基础设施建设。一大批集装箱园区、配送中心和物流中心在港航后勤区域发展壮大。港航后勤区域的发展建设不仅提升了港口的核心竞争力，而且通过港口辐射进一步提升了其在国际港口格局中的地位。与此同时，港航后勤区域的无序建设也暴露出了一系列问题，突出表现为重复建设、过度竞争、功能定位不清等方面，导致港航后勤产业的规模效益和集聚优势未能充分发挥，阻碍了港口体系的转型进程。如何科学认识且合理解决此类问题直接关系到港航后勤区域的可持续发展，并间接影响港口以及港口城市的发展速度。现阶段，港航后勤区域的功能结构与空间格局尚处于不断的演化过程之中。因此，对其研究也是一个长期持续的过程。

（二）港航后勤区域的概念

港航后勤区域是港口功能的重要拓展空间，作为一个科学新概念，最初发端于 20 世纪 70 年代中期的欧美国家，尤其是德国和荷兰。尽管迄今为止，学术界对其表述还没有一个统一的定义，但现阶段普遍将其理解为与主要港口区域在空间上相对隔离、功能上紧密相连的储存、分拣、加工、配送等相关物流活动区域。在港口转型升级和现代物流发展的背景下，港航后勤区域是港口相关企业运用现代信息管理手段对生产活动和作业进行调控、优化所形成的复合空间。港航后勤区域通常包括运输服务中心、物流中心、配送园区、离岸集装箱园区、内陆集装箱站点及自由贸易区等。

港航后勤区域基本内涵可以从空间分布、功能演化和服务对象这三个角度加以考量：

（1）从空间分布看，可以把港航后勤区域划分为近域港航后勤区域和广域港航后勤区域两种类型。近域港航后勤区域是指与港口码头功能直接相关，位于港区、作业区内部或周边邻近地区的运输中心、配送园区、物流中心、码头堆场、仓库等相关功能区。广域港航后勤区域指港口货物吞吐和旅客集散所及的地区范围，为港口提供服务和支持的相关功能区，包括内陆集装箱园区、内陆集装箱站点等。

（2）根据对港航后勤区域的功能理解，港航后勤区域可以分为传统港航后勤区域和现代港航后勤区域两种类型。传统港航后勤区域作为港口有机组成部分，基本围绕港口建设规划布局，主要提供传统运输服务。现代港航后勤区域是为了顺应现代物流发展，在港区及其周边内陆区域建立的与港口功能紧密相连的能够提供相应服务的各类功能区。具体的功能分类见表 2-2。

（3）从服务对象看，港航后勤区域有综合服务型和专一服务型两种类型，其中综合服务型港航后勤区域主要指依托大型公用港区（特别是集装箱码头）设立的为区域现代物流发展提供服务的各类功能区域，而专一服务型港航后勤区域则是主要为特定港口企业提供相关物流服务，其相关港口主要是货主码头。

表 2-2   基于功能理解的港航后勤区域分类

区域	产业	主要服务功能
传统港航后勤区域	物流	多式联运、集疏运系统
	仓储	仓储、装卸搬运
	运输	货物运输、旅客运输
现代港航后勤区域	代理和技术类服务	报关、货代、船代、船舶维修等
	衍生类服务	航运金融保险、船舶管理、海事法律仲裁、海事信息咨询、港航教育培训等

需要说明的是，上述从不同角度对港航后勤区域的划分并不是绝对的，现实中不同类型港航后勤区域之间的关系纵横交错。作为一种新产业空间，港航后勤区域借助区位优势及服务载体，通过信息管理及相应的支撑平台对港口城市、腹地货流及物流供应链等产生优化作用。与此同时，各类港航后勤区域建设还对周边地区土地利用状况、生态环境产生明显影响。

（三）港航后勤区域演变历程

经济全球化加快了全球货运模式的转变进程，全球交通物流网络更趋完善，并逐步趋于一体化发展。同时，港口及其腹地之间物流、资金流及信息流的流通也更加频繁，港口企业之间的合作更为深入。而港航后勤服务要素在港口演化的过程中也体现了不可或缺的重要性，围绕港口功能演化而衍生的运输仓储、货运代理、船舶服务等行业也得以发展，并呈现出向港口周边区域或者腹地区域集聚的趋势，逐步形成港航后勤区域发展的初步框架。

影响港航后勤区域演变的因素十分复杂，包括经济因素、技术因素、交通因素、社会因素和政治因素等多个方面。在经济因素方面，随着经济全球化进程的不断加快，促使港口间的竞争日趋激烈，并导致港口过度建设、资源浪费等诸多问题的产生，影响港口经济的良性发展。为此，如何有效地降低经济成本成为港口企业在竞争中脱颖而出的重要途径。但就目前状况来看，传统方式的降本增效途径已不再有效，如何合理地利用港航后勤区域的资源，提升货物运转效率和融资便利成为港口经营者降低港口企业成本的拓展方向，从而也为港航后勤区域的发展创造机遇。在技术因素方面，科学技术的发展正在持续改变港口的运作模式。随着自动化、人工智能等新技术在港口以及港口城市中的不断应用，港航后勤区域变得更加高效、便利。同时，也使依托科技而生的后勤增值服务不断衍生、发展。在交通因素方面，交通基础设施建设的快速发展促进了区域一体化、物流网络化的增强，进而提升了港口对腹地的辐射能力和辐射范围。交通可达性的加强，有利于港口实现更大范围腹地的资源优化配置，也促进了港航后勤区域的发展，使区域内的临港产业和服务业得以繁荣。除此之外，政府制定的相关政策和发展战略也对港航后勤区域的演变具有深远的影响。依托相关扶持政策和规划引导，可以集聚各种优势资源，实现空间集聚发展，提升港航后勤区域对港口体系的服务能力。

在经济成本、科学技术、交通网络、社会与政治等一系列因素的综合影响下，港航后勤服务要素的功能结构也不断地发生变化，并促使港航后勤区域不断演变升级。考虑不同时期港口的发展水平、港口与港航后勤区域间的联系以及港航后勤区域的基本职能，在多重因素的综合作用下，港航后勤区域的形成演化呈现初步发育阶段、一般扩张阶段、快速扩张阶段、高度分化阶段四个阶段，如表 2-3 所示。

表 2-3　港航后勤区域的演变历程

发展阶段	形成原因	空间结构	主要功能	区域间影响
初步发育阶段	海运运输需求	低级均衡分布	仓储转运等基本功能	服务范围无重叠现象
一般扩张阶段	集装箱技术应用	非均衡拓展	初级的物流增值服务功能	服务范围出现重叠
快速扩张阶段	物流网络化	非均衡快速扩张	保税等新兴服务功能	服务范围显著重叠
高度分化阶段	物流信息化	高度分化	全产业链综合服务功能	功能分工形成

二、港航后勤服务要素

（一）港航后勤服务要素的内涵

在当前世界港口的竞争过程中，港航后勤服务要素作为港口体系的核心内容和软实力，对港口的生存环境和竞争力的影响不断加深。当前，港航后勤服务要素已成为评价港口发展水平的重要指标，致力于提升港航后勤服务能级已成为世界著名港口的共同选择和趋势。同时，港航后勤服务要素作为国际贸易运输的服务性和辅助性行业，对港口所在城市的经济增长模式转变、综合竞争力提升和集聚效应形成都具有不容忽视的作用。因此，正确认识港航后勤服务要素的内涵，对于提升港航竞争力以及港口城市的转型升级来说都具有重要的价值。

港航后勤服务要素是指在港航后勤区域内为了完成货物运输及其增值服务而提供的各种服务资源，是根据一定规模的港航运输和海事活动需要而形成的服务产业，集运输、经济、金融、法律、咨询等各种服务功能于一体，包括港口装卸搬运、运输仓储，货代、船代、船舶维修等一系列综合性的服务，还涉及由港口业务以及海运运输衍生而来的航运金融保险、海事法律仲裁、海事信息咨询、港航教育培训等服务。港航后勤服务要素的构成如图 2-3 所示。

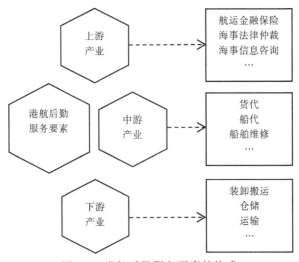

图 2-3　港航后勤服务要素的构成

港航后勤服务要素受社会经济、科学技术、全球贸易方式、客户运输需求以及自身发展要求等多方面因素的综合影响。因此，对港航后勤服务要素的认识，不能局限于孤立的视角，而是要从外部和内部环境的共同作用下去认识其形成和发展的整个过程。

（二）港航后勤服务要素的分类

从港航后勤服务要素在价值链上的分布来看，传统港航后勤服务要素大体位于价值链的低端环节，代理和修理等港航后勤服务要素位于价值链的中端环节，衍生类港航后勤服务要素整体处于价值链的高端环节，且这三者的服务附加值逐个递升。因此，根据港航后勤服务要素所处价值链的差异，可以将其分为三类，如表 2-4 所示。

表 2-4　港航后勤服务要素分类

产业链	服务功能	服务层级	要素类型
上游产业	港航衍生类服务	增值层（核心层和辅助层的延伸部分）	知识密集型
中游产业	港口生产配套辅助服务	辅助层（为核心层提供的航运配套服务）	资本密集型
下游产业	港口的生产活动	核心层（船舶运输和港口服务）	劳动密集型

1. 上游产业

上游产业具有强辐射、高附加值等特点，包括港航运输交易及其相关服务，是中游、下游两类港航后勤服务的衍生类服务，属于知识密集型的范畴。其以港航企业为服务对象，为港航运输提供航运金融、船舶保险、公证评估、航运交易、海事法律咨询、技术标准、港航教育及人才培养等服务。当前我国主要枢纽港口总体上正处于由劳动密集型的下游产业向知识密集型的高端港航后勤服务业转变过程中，一些枢纽港口在维持相对规模的货流基础上已开始逐步转向附加值更高的高端港航后勤服务业。

2. 中游产业

中游产业能通过经营集约化形成规模效应，整体位于价值链的中端，服务附加值与传统港航后勤服务相比相对较高，属于资本密集型的范畴。围绕港航运输生产活动，中游产业能够为船舶提供运输、管理、买卖、租赁、维修、注册检验以及船员劳务等服务，也能够为港口提供国际中转货物运输、大型国际邮船出港服务以及各类资源的供应，还能够为港口的生产运作提供辅助服务。

3. 下游产业

下游产业的服务对象是货物，服务范围包括港口生产活动中所配套的引航、拖带、装卸搬运、理货、仓储运输等。此类服务主要属于劳动密集型范畴，企业规模往往较小，经营也相对分散，处于价值链的低端位置，附加值较低，但也是港航后勤服务的核心组成部分。

从港航后勤服务要素的发展历史和发展趋势来看，上层的港航后勤服务要素是依托于下层要素发展而来。同时，又会对下层港航后勤服务要素的发展形成促进作用。

（三）港航后勤服务要素的发展阶段

港航后勤服务要素的发展受到经济、政治等诸多国内外因素的影响，并促成其形成不同的发展阶段。随着经济全球化进程的不断加快，制造企业的生产网络以及货运模式日益复杂化，企业间的国际竞争日趋激烈。跨国公司的全球化生产布局和投资活动，促进了海运运输的需求增长，为港航后勤服务要素的发展带来了新的机遇。与此同时，跨国资本与商品流动正呈现出组织碎片化和空间分散化的特征，港航后勤服务要素则成为资本和商品的联系纽带，协调和整合全球生产过程。港航后勤服务功能的不断提升，为跨国企业的生产销售提供了便利，进一步推动了经济与贸易的全球化和生产要素的全球化配置。另一方面，随着科学技术的不断发展，航运以及港航后勤服务企业的专业化程度和运作效率也正不断改善。海运运输的集装箱化和船舶大型化促使货源和班轮航线向具有区位优势和资源禀赋的枢纽港口集中，为港航后勤服务要素的集聚创造了条件，繁荣了枢纽港口城市的相关产业。此外，各国政府都十分重视港航后勤服务业的发展，利用政策扶持，构筑产业集聚区，帮助企业获得竞争优势，以促进本国对外运输和贸易的发展。

基于经济全球化、技术变革、产业组织变革以及政府政策等因素，港航后勤服务要素的功能结构也在不断发生变化，港航后勤服务要素的集聚效应也遵循由低级向高级的发展路径，经历了三个阶段：初级集聚阶段、加速集聚阶段和成熟阶段。

1. 初级集聚阶段

在这一阶段，港航产业的基本体系还未真正形成，这时的港航服务仅指海上运输。由于海上贸易活动日益加强，一批为海运货物提供基本运输服务的企业开始在港口形成集聚。但与运输相联系的港航辅助性服务还正处于萌芽阶段，并不能为海上运输提供完善的配套服务体系。此时，港航后勤服务要素的集聚仅是被港口资源和市场需求所吸引的简单的港航运输业和不成熟的港航服务业的集聚。港口之间运输方式单一，操作简单，港航后勤服务只具备基本的海运、内陆运输以及货物装卸仓储功能。

随着港口资源和市场的逐渐扩大，越来越多的企业开始从事相关服务业，港航后勤服务要素的空间集聚促使港航服务业分化成为船舶运输业、港口服务业、航运辅助业以及其他港航衍生服务业。伴随着海上运输方式的进一步发展以及港口规模的进一步扩大，企业的服务功能不断拓展，新的服务不断出现，港航后勤服务内容越来越丰富，功能越来越完善。

在初级阶段，港航后勤服务要素集聚发展水平比较低、集聚结构比较简单，主要竞争资源是港口自然资源。低端港航后勤服务要素在港口的集聚是初级集聚阶段的基本特征。

2. 加速集聚阶段

经历初级阶段的发展之后，港航服务产业逐渐趋于完善，货运代理、船舶供应、船舶劳务、航运经纪、船舶检验、船舶维修等港航服务功能也迅速发展，从而在初级集聚的基础上形成了更大范围的集聚规模。在这一阶段，港航后勤服务企业初步完成了资本的积累，企业发展趋于稳定，并能在满足港航市场需求的同时，根据市场需求的变动进行快速反应和调整。利用信息化平台实现与产业链相关企业间的分工合作，形成良好的竞争与合作环境，不断地提升服务标准和服务质量，以满足市场和客户的要求。而政府也将配合企业的集聚趋势，加大集聚区域的基础设施投入，建设港航后勤服务企业发展所需的配套产业和配套设施，改善企业的发展环境，助推港航后勤服务要素的加快集聚。与此同时，运输网络化和集疏运条件等影响因素的不断改善，也将促使港口与腹地之间的联系更加紧密，交流更加便捷，推动港航后勤服务要素的规模持续、快速增长。

由此，在港航后勤服务要素加速集聚阶段，港航后勤服务企业的数量将显著增加，国际船舶代理、国际货运代理等企业喷涌而出。港航后勤服务的专业化程度将不断提高，各类港航信息和技术等增值服务也不断完善。同时，高端后勤服务要素也开始向港口城市聚集，港航后勤服务集聚区初步形成。

3. 成熟阶段

经历了前两个阶段的发展，港航后勤服务要素集聚效应不断增强，各层次的港航后勤服务要素在一个区域范围内高度融合和集聚。在这一阶段，全球生产网络更为完善，促进了港航服务经济的迅速发展，港航后勤服务要素特别是物流、金融、信息服务和咨询等产业也得到快速的增长。同时，港航后勤服务要素的知识性密集型特征越发显著，并不断地向港口城市集聚，促进港航后勤服务集聚区功能的升级。高端要素的集聚，会激发区域内企业的知识创新能力和自主开发能力不断提升，为进一步优化港航后勤服务要素的产业结构创造了条件。而随着信息技术的不断发展和应用，港航市场信息和航运价格指数将实现全球范围内的实时传递，为航运指数期货、运费合约等航运交易的形成和发展奠定良好的基础，也为港航后勤服务要素的发展带来新的动力，并促进港航后勤服务要素的进一步集聚。

在成熟阶段，港航后勤服务要素的功能内涵更加丰富，不仅包括传统意义上的运输仓储类港航后勤服务要素和以国际船代、国际货代、报关、船舶修理与技术服务为主的代理与技术服务类港航后勤服务要素，同时还产生了诸如金融保险、船舶管理、航运经纪等高端衍生类港航服务业。港航后勤服务要素功能结构趋于优化，并形成自己的特色和竞争优势。

三、港航后勤服务要素空间集聚的影响因素

Haezendonck（2001）认为港航后勤服务要素的集聚是指一系列从事港航相关服务的相对独立的企业，在同一港口区域范围内聚集，采用相同的竞争战略，共享港口区位优势、基础设施以及其他公共资源，形成相对于区域外部企业的联合竞争。港航后勤服务要素空间集聚的形成是世界港口蓬勃发展的必然产物，港航后勤服务要素的集聚效应也推动其所在港口城市经济的发展，如伦敦、上海等港航产业集聚程度高、规模大、效率高的港口城市，其港口以及城市发展水平也相对较高。但港航后勤服务要素空间集聚的形成并不是一蹴而就的，在集聚过程中受到多重因素的影响，见图2-4。

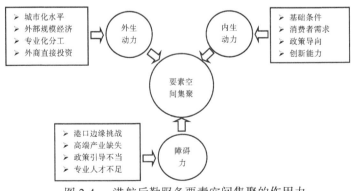

图 2-4　港航后勤服务要素空间集聚的作用力

　　下面分别从驱动力和障碍力两个方面加以阐述港航后勤服务要素空间集聚的影响因素。

　　1. 驱动力

　　驱动力是指推动港航后勤服务要素空间集聚的作用力。驱动力包括外生动力和内生动力两部分。

　　1）外生动力

　　外生动力是指影响港航后勤服务要素发展集聚的外部动力。主要包括城市化水平、外部规模经济、专业化分工、外商直接投资等因素。

　　（1）城市化水平。港口城市的城市化水平对港航后勤服务要素集聚效应的形成具有一定的推动作用。从历史发展来看，任何行业的服务要素和城市化程度具有同步性，港航后勤服务要素也是如此。港航后勤服务要素的空间集聚区往往处于港口城市范围。港口城市的规模越大，城市化水平越高，港航后勤服务要素的集聚规模也越大。一般来说，港航后勤服务要素空间集聚大多发生在沿海地区的大型港口城市，这些城市的城市化水平相对较高，人口众多，制造业发展程度高，经济发达，贸易往来繁忙，港口货流充足，为港航后勤服务要素空间集聚的形成提供了物质性基础。

　　（2）外部规模经济。马歇尔认为，同一产业越多的企业聚集于一个空间，就越有利于企业所需生产要素的聚集。规模经济与产业集聚之间存在着相关性，规模经济是形成集聚效应的主导因素。港航后勤服务集聚区的形成，能够降低区域内港航企业或经济活动的生产成本和空间成本，通过企业间的协同运作提升区域企业群的生产效率，为后入企业创造良好的发展环境。规模经济具有外部性和溢出效应，港航后勤服务要素集聚区域内的龙头企业或先进入的企业在服务过程中会产生很大的溢出效应，吸引相关企业的入驻，促使港口经济活动形成更大范围的空间集聚。因此，外部规模经济是促进港航后勤服务要素空间集聚和发展演化的重要动力。

　　（3）专业化分工。专业化分工是指产品的生产不由某个企业单独完成，而是由一批企业依据各自的相对优势，共同完成某个产品的生产活动。专业化分工能够促使企业间形成专业化分工协作体系，提升企业生产效率，形成规模报酬递增。专业化分工是产业集群形成的必要条件，在专业化分工的作用下，港航后勤服务要素自发地聚集到某一空间区域，形成产业集聚，并根据其在分工体系中的地位发挥相应作用。尤其是高附加值一类的港航后勤服务要素，需要在相对密集的集聚环境和较为完整的产业链下才能得以形成和发展。

（4）外商直接投资。外商直接投资和港航后勤服务要素的集聚具有紧密联系。外商直接投资的大量进入，可以缓解资本不足的缺陷，满足企业发展的资金需求。同时，外资带来的先进管理理念和技术创新能够提升企业的运营水平和生产管理效率。此外，外资对于劳动力素质的提升也能够帮助改善劳动力市场的结构，提升从业人员的专业化水平，为港航后勤服务要素的集聚提供人才保障。

2）内生动力

内生动力是指港航后勤服务业内部由于生存发展需求而产生的自发动力。主要包括基础条件、消费者需求、政策导向、创新能力四大因素。

（1）基础条件。基础条件主要包含区位优势、工业基础和公共资源三个部分。区位条件是港航后勤服务要素集聚形成的基本前提，是决定其能否快速发展的先决条件。具体指的是要素集聚区的地理位置、自然条件以及交通体系等因素。区位优势明显的集聚区，一般位于沿海经济发达地区，拥有良好的港口资源，能吸引众多航线挂靠，以吸引港航企业和专业人才聚集。区位优势很大程度上依托于集聚区所在的港口及港口城市，繁荣的港口经济和城市发展能够为港航后勤服务要素的集聚带来强大动力。工业基础是港航后勤服务要素集聚形成的重要条件。港口作为货物、原材料的集散中心，所在城市的工业化程度往往会决定其吞吐量。港口所在城市拥有雄厚的工业基础，具有大宗原材料和货品的运输需求，会成为港口货运量的保障，为港航后勤服务业的发展带来动力源泉。与此同时，发达的工业基础也势必会吸引更多的技术、资金和人才的投入，为港航后勤服务业的发展带来更多的资源，为港航后勤服务要素的集聚提供全方位的支撑。公共资源是港航后勤服务要素集聚形成的重要保障。随着港口吞吐量的快速增长和后方城市经济发展，资源紧张和匮乏等问题逐渐成为困扰港航后勤服务要素集聚区发展的重要因素。公共资源的建设可以为多个相关港航企业提供基础设施，为相关企业的发展提供便利，促使区域内各企业形成良好的沟通发展机制，以吸引更多的港航企业和人才，加速港航后勤服务要素的集聚。公共资源带来的市场、知识和竞争性信息的共享，有利于企业之间形成互补配套关系，建立起相互间的信用机制，从而促进企业间的合作与资源整合，提升集聚区的整体发展水平。

（2）消费者需求。随着港口经济的快速发展，港航产业已经开始由卖方市场转变为买方市场。在买方市场格局下，市场开始由生产者占主导地位过渡到消费者占主导地位的格局。消费者对港航服务的可选择空间不断拓展，促使消费者的需求逐渐成为主导市场的中心。因此，在激烈的市场竞争驱动下，港航后勤服务企业不能只专注于传统的物流环节，而需要更深入、更全方位地了解货主和船东的需求。这些需求也促使港航后勤服务企业不断加大新服务产品的开发力度，或者是产生新的企业以提供衍生服务。在消费需求的刺激下，产业的集聚速度会加快，产业结构会变得更为合理。

（3）政策导向。就目前的中国经济发展而言，政府对经济的干预力和影响力十分巨大。政府的宏观调控会显著地影响服务要素的资源配置，改变港航后勤服务要素的集聚状态。从我国港口的发展历程来看，无论在港口发展的任何阶段，政府政策都起到了主导作用。各级政府通过制定港口发展的相关战略，出台人才引进、税收优惠等一系列企业扶持政策，可以起到推进港航产业集聚的效果。多数港口城市都规划有港航产业集聚区，鼓励企业在集聚区内开展经营活动。例如上海的虹口航运集聚区、临港新城集聚区、宁波的东部新城集聚区等。这些政府行为缩短了企业自发集聚的时间，进而使产业集聚更加有序，集聚效率更高。

（4）创新能力。创新能力是企业可持续发展的重要指标。在当前我国经济发展面临转型的大环境下，创新发展已经成为港口城市保持发展动能的有效途径。随着传统港航后勤服务产业的竞争日趋激烈，以及货主、船东等服务对象的需求越来越多样化，原有的服务已无法满足行业发展的要求。通过创新能力拓展，提升企业的竞争实力，为客户提供更多的航运金融、咨询等增值服务有助于维护客户稳定。创新集聚的区域往往就是产业集聚的区域，也是高端产业快速发展的区域。

2. 障碍力

障碍力是指阻碍港航后勤服务要素空间集聚的作用力。障碍力主要包括以下四个部分。

1）港口边缘挑战

随着港口吞吐量规模的不断增大，港口平均运营成本和交易成本随之下降，竞争优势不断增大，吸引货运公司、代理公司等各类港航后勤服务企业向港口集聚，形成了中心集聚区。但随着货流的不断集中，会产生用地紧张、劳动力成本增高等问题，并逐渐制约港口的发展，开始出现"规模不经济"。在这一阶段，核心港口的周边区域港口会得到更多的发展机会，对企业的吸引力会逐渐增大，从而对核心港口的集聚区形成边缘挑战，出现产业分流现象，削弱核心区域的产业集聚能力。

2）高端产业缺失

在国际分工格局的推进下，产业价值链逐渐形成，竞争优势不再单一地体现在某个产业或某项服务上，而是体现在产业价值链的整体。而事实上，国内大多数港口还处于劳动密集型阶段，港航后勤服务业主要依靠劳动力、土地和环境等资源，缺乏价值链高端产业环节。临港区域集聚的大量企业多数依然是从事装卸、搬运、运输、仓储、报关等产业附加值较低的低端港航后勤服务，产业特色并不明显。高端港航后勤服务要素的长期缺失，将促使原有港航产业结构的固化，阻止产业链向高端攀升，从而沦为港航后勤服务业强国的附庸。

3）政策引导不当

在发达国家的港航后勤服务产业发展过程中，政府所起的作用并不大。而在发展中国家，政府宏观调控和政策引导在港航后勤服务要素的发展过程中具有很大的推动作用。但不合理的政策和制度对港航后勤服务要素的产业集聚和发展具有严重制约作用。例如，地方政府更青睐于产出效果显著、对地方经济总量及增长速度有明显促进作用的重大项目，而对投入多、投资回报周期长且存在一定风险的项目重视不足。同时，扶持政策较多倾向于大型的国有企业，而中小企业和初创企业的获益相对较少。这些问题都会制约产业的健康发展，干扰市场化运作。另外，政策制定后，如果未有跟进的实施细则或者是具体的推进部门，也会导致政策流于形式，无法起到对产业集聚的促进作用。

4）专业人才不足

港航后勤服务业相对于其他产业，具有鲜明的专业性。目前，国内能培养港航相关领域人才的高校并不多，现有的人才量无法满足行业发展的现实需求。专业人才的不足会影响产业的发展，削弱产业的集聚度。特别是掌握多领域知识和技能的复合型人才，更是发展高端港航后勤服务业的基础。港航后勤服务产业的集聚归根到底就是高端复合型港航后勤服务人才的集聚。

四、国内外港航后勤服务要素空间集聚的经验启示

综观港航后勤服务产业的发展历史，欧洲是最主要的发源地。德国、荷兰等大陆国家和英国等岛屿国家在港口和港航后勤服务要素的发展领域都有丰富的经验。鹿特丹拥有世界上最成熟的海铁联运和路上物流系统，伦敦拥有世界上最完备的高端航运服务产业。作为追求全产业链发展的我国港口，吸收国外的发展经验，避免不应有的失误，积极发挥后发优势，赶超世界一流港航强国，要走的路还很长。

经过数十年的改革开放，我国的港口产业在世界港口格局中已占据绝对的吞吐量规模。依托巨大的制造业体量，我国的港口基础设施和集疏运条件已居于全球领先水平。在多数的港航后勤服务领域，我国的企业已具备较强的国际竞争力，并不断依托资本实力对外扩张。然而，时至今日，当自由贸易区已成为现实，我国的高端港航后勤服务产业依然羸弱，不禁令人唏嘘。虽然这种状况一定程度上是由于目前我国的开放程度不够，以及语言、法律、制度等方面的障碍，但是对于先进案例的剖析不够，也造成了在产业发展过程中的盲目规划。为此，基于现有的相关文献和对港航后勤服务产业发展特征和历程的解析，总结以下几点经验，以供借鉴。

1. 区位优势是港航后勤服务要素集聚的前提条件

当今世界，几乎所有的港航后勤服务要素集聚区都是依托于优越的地理位置。如新加坡、中国香港等自由港均位于国际航运大通道上，且能够辐射大范围的国家和地区，成为国际中转的重要枢纽港口。而鹿特丹这样的腹地型集聚区则拥有完备的集疏运体系，通达内陆各城市。与此同时，这些港口无一不是深水良港，能够挂靠数十万吨级巨轮。即使是已经没落的伦敦港口，在历史上也曾是设施良好的优质岸线，从而得以保留曾经的高端航运产业优势。因此，选择在区位优良的深水良港毗邻区域建设港航后勤服务要素集聚区符合港口体系发展的历史规律。

2. 城市化发展水平是港航后勤服务要素集聚的基础

港航后勤服务要素集聚程度的高低，直接取决于其所依托城市和经济腹地的发展水平。诸如香港、新加坡等国际化大都市，不仅拥有较高的服务业规模，而且都是本地区重要的金融中心，汇聚了众多的金融资源。同时，这些城市往往拥有多所世界著名高校，从而也汇聚了世界一流的顶级人才。这些城市资源的集聚为发展港航后勤服务产业提供了强力支撑。上海也同样具有相同的特质，这也促使其成为国际航运中心的有力竞争者。因此，港航后勤服务要素集聚区的选择不仅需要港口的支持，也需要腹地城市的经济支撑。

3. 新科技的开发与应用是港航后勤服务要素集聚的重要手段

每一次科学技术的革命都会带来产业的变革。近年来，随着人工智能、区块链等新技术的开发，各行各业都面临巨大的挑战和机遇。港航领域一直是新技术应用的前沿，最新的科技都广泛应用于港航产业链的每个环节，使国际航运变得更为快速、准时、高效、安全。目前，无人化码头、自动驾驶等技术都已在港航领域得以实现，随着新技术的不断应用，港航产业链的空间和网络距离将会缩短，从而使现有的产业布局更加紧密。由此可见，科技对于港航后勤服务要素的集聚具有积极作用。

4. 产业结构升级是港航后勤服务要素集聚的必然趋势

港航后勤服务产业的发展具有其规律性。低端产业依托港口吞吐量而生，并随之而不断壮大发展。当低端产业发展到一定规模，从而产生高端需求，并不断形成产业链的攀升，产业结构得到持续优化。综观伦敦高端港航后勤服务业的发展史，也是基于曾经的港口发展辉煌历史，并催生高端衍生产业的形成发展。没有吞吐量的依托，无法培育出航运金融、海事法律等增值需求。同样，当港口规模发展到一定阶段，也必然产生新的航运衍生服务需求。因此，在现阶段我国港航产业结构转型期，重视培育和发展高端港航后勤服务业就显得尤为重要。这些高端产业的发展也能够进一步强化集聚效应，提升产业整体竞争力。

5. 政府支持是港航后勤服务要素集聚的重要保障

港航产业是投入巨大、产出周期较长的产业。特别是高端港航后勤服务业的培育，需要漫长的成熟期。在此期间，单靠企业的个人行为，很难形成有效的国际竞争力。如伦敦的航运金融业，经历了数百年的培育期，长期占据港航产业链的顶端，无人能够撼动。若仅靠个别企业，不仅受制于资本、人才，也无法形成规模化的集团效应。因此，通过政府行为，引导企业实现产业集聚，并进一步通过政策扶持，培育高端港航后勤服务产业萌芽，将有助于我国的港航后勤服务产业迅速形成竞争力，实现弯道超车。

第三章 港航后勤服务企业空间分布特征
与演变过程研究

随着港口功能的不断提升，港口已从简单的装卸作业中心，逐渐向全球供应链中心转型升级，以满足自身与腹地经济的发展需求。加快推进港航产业由传统产业向先进服务业转型是当前港口经济发展的重中之重，也是"一带一路"倡议的重要内容。港航后勤服务企业是促进港航服务业发展的重要载体，正确认识港航后勤服务企业空间演变特征及其内在规律有助于港口产业的转型升级。

近年来，随着我国港口货物吞吐量的迅猛增长，对于港航后勤服务企业的需求日益增加。这也促进了港航后勤服务企业的数量增长和空间集聚。国内主要国际航运中心以及各枢纽港口的毗邻区域已成为港航后勤服务企业的主要集聚区，并对区域港口体系发展和演化形成深远的影响。为了识别我国港航后勤服务企业的空间分布特征及其演变过程，本章以浙江省为例，在搜集港航后勤服务企业现状数据的基础上，运用 GIS 技术分析港航后勤服务企业的空间分布特征与演变过程，并从宏观和微观两个方面分析浙江省港航后勤服务企业空间格局的演变机制。

第一节 研究数据与研究方法

浙江省地处长江经济带与东部沿海经济带的"T"型交汇处，拥有得天独厚的港航资源和陆海一体的独特优势，现已成为国际六大世界级城市群之一。2007年，浙江省首次提出"港航强省"战略，之后陆续出台并实施了一系列的相关配套政策。通过发挥海洋资源优势，大力发展海洋运输，浙江省港口航运得到了长足的发展。2016 年，浙江省和辽宁省、河南省、湖北省、重庆市、四川省、陕西省七个地区成为中国第三批自由贸易区的试点省份，通过政策层面的配合与支持，浙江省港航业的开放水平持续扩大，推动了大宗商品贸易等临港经济的持续快速增长。

目前，浙江省正积极打造以宁波舟山港为主体，台州港、嘉兴港、温州港等港口为两翼，其他地方港口为多联的港口体系。在五个港口的合作下，浙江江海联运、水水中转、海铁联运等集疏运业务迅速发展，极大地拓展了浙江省的货源腹地。通过发挥港口集散优势，港口辐射能力不断增强，港口产业带动效应有效提升，为浙江省港航后勤服务企业的发展奠定良好的基础。

为此，本研究选取浙江省港航后勤服务企业为研究对象，进行企业空间演化问题的研究，具有现实性和代表性。同时，通过进一步对宁波、舟山、台州、温州以及嘉兴五个浙江省港口城市港航后勤服务企业空间分布的具体分析，有利于发现各城市港航后勤服务企业的发展特点，因地施策，加快各城市港航后勤服务产业的转型升级，加快实现港航强省和海洋经济强省发展目标，更好地为"一带一路"倡议和长江经济带发展做出贡献。

一、研究数据的获取与初始分析

（一）数据的获取

本研究的数据来源主要包括两个部分：一是浙江省港航后勤服务产业的相关统计数据，主要来自浙江统计年鉴、浙江交通年鉴、中国港口年鉴等相关年鉴，以及浙江省发展和改革委员会、浙江省人民政府金融工作办公室等相关政府管理机构。二是浙江省港航后勤服务企业的相关数据，主要来自中国航运数据库、浙江省报关协会、浙江省国际货运代理协会等港航服务组织协会会员名录。

待原始信息收集完整之后，对浙江省港航后勤服务企业的基本信息进行梳理统计。基本信息包括企业的名称、经营地址、成立时间、主营业务类型等主要的时空与结构信息。根据数据的针对性、可获取性以及数据来源的局限性，本研究收集了浙江省宁波、舟山、嘉兴、台州、温州这五个具有代表性的港口城市企业数据开展分析，用以辨识浙江省东部沿海地区港航后勤服务企业的空间格局特征和演变规律，并进一步探析影响港航后勤服务企业空间布局和格局演变的驱动机制。

（二）浙江省主要港口城市港航后勤服务企业规模分析

根据搜集到的 1999~2016 年期间浙江省主要港口城市港航后勤服务企业的

相关规模数据，以 2001 年、2008 年和 2016 年为三个时间节点，对浙江省港航后勤服务企业总体情况进行初始分析，以探讨其总体的结构数量变化特点。根据五个主要港口城市港航后勤服务企业数量变化的具体分析，可以初步总结出这五个城市港航后勤服务企业数量变化的基本特点，为空间分布特征与演变过程分析提供分析基础和数据支持。

1. 浙江省主要港口城市港航后勤服务企业总体数量变化情况

1999~2016 年期间，浙江省主要港口城市港航后勤服务企业数量总体呈现先大幅度快速增长、后小幅度缓慢增长的态势。2001 年，浙江省主要港口城市港航后勤服务企业总数有 544 家。到 2008 年，港航后勤服务企业总数达到 1433 家，增加了 889 家企业。到 2016 年，港航后勤服务企业总数已达 1991 家，相对于 2008 年又增加了 558 家。2001~2008 年期间，港航后勤服务企业的增长比例为 163.4%，增长率均值达到 14.65%。2008~2016 年期间，港航后勤服务企业的增长比例下降到 38.94%，增长率均值下降到 4.2%。1999~2016 年期间，浙江省主要港口城市港航后勤服务企业总体数量变化如图 3-1 所示。

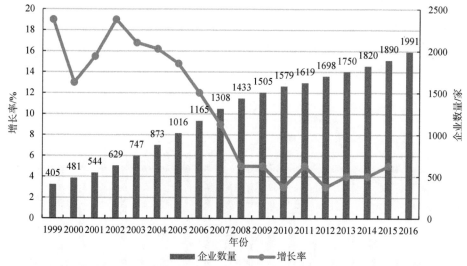

图 3-1　1999~2016 年浙江省主要港口城市港航后勤服务企业总体数量与增速

由图 3-1 可知，1999~2008 年期间浙江省主要港口城市港航后勤服务企业总数增长较快，增长率大多在 12%~20% 的高速区间。企业增长速度的最高峰出现在 2002 年，之后较长年份增速呈现单边下滑的态势。2008 年以后增速下滑明显，跌落到 2%~6% 的低速区间。这一现象与金融危机之后全球航运业景气度长期低迷的大环境相一致。可以预计，随着港航产业结构转型和供给侧改革的持续推进，增速在低位上下波动将是大概率事件。

2. 浙江省各港口城市港航后勤服务企业数量变化情况

由于五个港口城市的发展特征不同，其港航后勤服务企业数量和增长速度也有所不同。为了辨识各城市港航后勤服务企业的数量变化特点，分别对宁波、舟山、嘉兴、台州和温州的港航后勤服务企业数量以及增长变化特点进行详细的数据分析。

1）宁波

1999~2016 年期间，宁波港航后勤服务企业数量总体呈现出先大幅度快速增长、后小幅度缓慢增长的趋势。2001 年，宁波港航后勤服务企业的数量相对较少，仅有 252 家。但在 2001~2008 年期间，港航后勤服务企业数量大幅度上升，增加了 514 家，总数达 766 家，上升 203.97%，增长率均值为 17.02%，高于浙江省总体增幅。到 2016 年，宁波港航后勤服务企业数量已达 1043 家，相较于 2008 年增加了 277 家，增长了 36.16%，增长率均值为 4.57%。1999~2016 年期间的宁波港航后勤服务企业数量变化趋势和浙江省总体趋势较为相似。而企业增长速度趋势也是先上升后急剧下降至一定水平后上下波动。宁波港航后勤服务企业数量与增速的历年变化情况如图 3-2 所示。

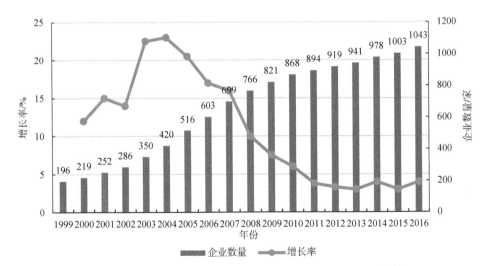

图 3-2　1999~2016 年宁波港航后勤服务企业数量与增速变化情况

2）舟山

1999~2016 年期间，舟山港航后勤服务企业数量变化与宁波较为类似，不过增速放缓的时间要早于宁波。2001 年，舟山共有港航后勤服务企业 193 家。到 2008 年，企业数量已升至 415 家，增加了 222 家，期间增幅达 115.03%，增长率均值达到 11.38%。到 2016 年，舟山港航后勤服务企业总数已达 590 家，比 2008 年增加了 175 家，增幅为 42.17%，增长率均值达到 4.85%。相较于宁波和全省情况，2003 年舟山的港航后勤服务企业增速已开始大幅下滑，目前的增速依然低于全省总体水平。由此可见，舟山港航后勤服务企业的发展基础并不稳固。舟山港航后勤服务企业数量与增速的历年变化情况如图 3-3 所示。

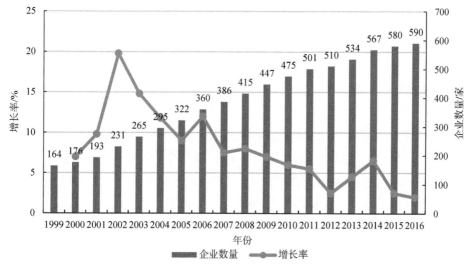

图 3-3　1999~2016 年舟山港航后勤服务企业数量与增速变化情况

3）嘉兴

1999~2016 年期间，嘉兴港航后勤服务企业的数量变化和浙江省总体变化也较为相似，但呈现前期剧烈波动、后期稳定低速增长的特点。2001 年嘉兴港航后勤服务企业数量有 28 家。到 2008 年，企业数量升至 70 家，增加了 42 家，期间增幅为 150%，增长率均值达到 12.83%。到 2016 年，嘉兴港航后勤服务企业数量达到 90 家，相较于 2008 年增加了 20 家，增长了 28.57%，增长率均值达到 4.08%。就目前而言，嘉兴港航后勤服务企业数量的增长在五个港口城市中排在最末，企业数量基本已处于稳定状态。可以预见未来的增长空间也十分有限。嘉兴港航后勤服务企业数量与增速的历年变化情况如图 3-4 所示。

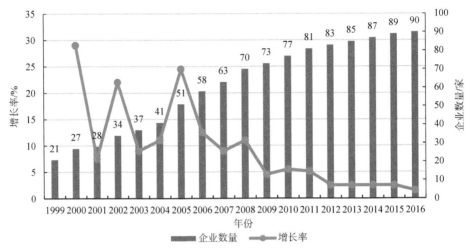

图 3-4 1999~2016 年嘉兴港航后勤服务企业数量与增速变化情况

4）台州

1999~2016 年期间，台州港航后勤服务企业数量变化与宁波的变化情况较为一致，与省内平均变化情况也有所趋同。2001 年，台州港航后勤服务企业分布数量为 62 家，是宁波企业数量的 1/4 左右。到 2008 年，企业数量增加到 158 家，增长了 96 家，期间增幅达到 154.8%，增长率均值达到 14.13%。到 2016 年，企业数量达到 235 家，增加了 77 家，期间增幅为 48.73%，增长率均值下降到 5.87%。相较于其他城市，台州港航后勤服务企业的高速增长期维持得较长，直到 2006 年才开始放缓。台州港航后勤服务企业数量与增速的历年变化情况如图 3-5 所示。

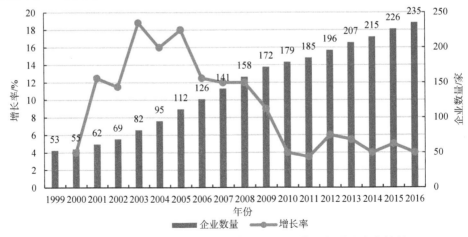

图 3-5 1999~2016 年台州港航后勤服务企业数量与增速变化情况

5）温州

温州是五个港口城市中港航后勤服务企业规模最小的城市，且企业增速一直处于下降趋势。2001年，温州港航后勤服务企业数量仅为9家。到2008年，企业数量增加到24家，增加了15家，期间增幅为166.7%，增长率均值达到16.88%。到2016年，温州港航后勤服务企业数量依然只有33家，仅增长9家，期间增幅为37.5%，增长率均值为4.65%。温州港航后勤服务企业数量绝对值与增速均长期较小的主要原因是距离枢纽港与区域经济中心较远，较难吸引港航后勤服务企业入驻。温州港航后勤服务企业数量与增速的历年变化情况如图3-6所示。

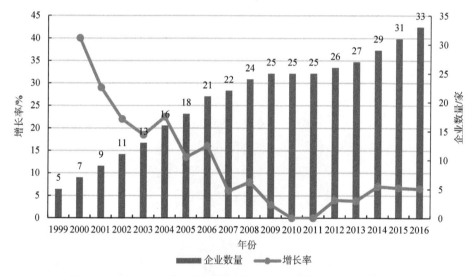

图 3-6　1999~2016 年温州港航后勤服务企业数量与增速变化情况

综上所述，浙江省五个主要港口城市的港航后勤服务企业数量变化趋势基本保持一致，企业增长速度均呈现先快后慢的特征趋势。2001~2008年期间，各城市港航后勤服务企业均进入了较快发展阶段，企业数量普遍有了大幅度的提升。其中，宁波增长幅度最大，企业数量增长了2倍多。其他四个城市的企业数量增幅较为接近。2008~2016年期间，五个城市港航后勤服务企业数量均进入了缓慢增长阶段，各城市企业增长速度普遍放缓。在这个阶段，舟山港航后勤服务企业增速超过了宁波。这主要是由于在此期间，舟山迎来了较多的利好。2009年舟山跨海大桥正式通车，2011年舟山群岛新区获批。随着2017年舟山获批建设自由贸易区，舟山港航后勤服务企业发展将面临新的机遇期。

以 2001 年、2008 年和 2016 年为时间节点，各城市的港航后勤服务企业数量占比情况如图 3-7 所示。

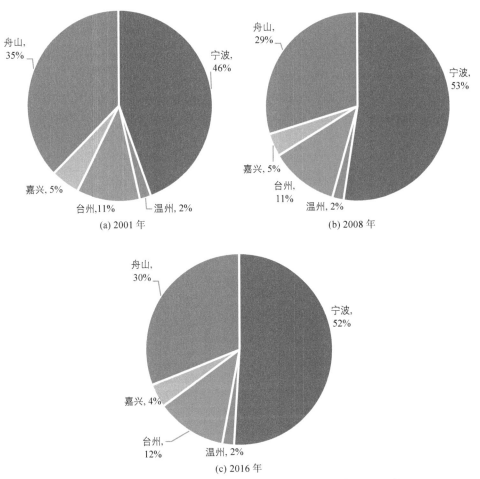

图 3-7　2001~2016 年主要港口城市港航后勤服务企业数量占比情况

由图 3-7 可知，宁波港航后勤服务企业数量占据省内第一的位置。2001 年占比达到 46%。到 2008~2016 年期间，占比超过了一半。舟山港航后勤服务企业数量一直保持在 30%左右的比例，其他城市的企业数量占比较小。宁波舟山港的直接经济腹地宁波和舟山的港航后勤服务企业数量总和超过全省总量的 80%，核心地位明显。

总体而言，浙江省主要港口城市的港航后勤服务企业数量分布基本与港口的规模相一致。同时，也与五个城市的港口经济规模相匹配，这也促使浙江省港航后勤服务企业形成了"大集聚小分散"的空间演变格局。

二、研究方法

本研究通过运用企业层面的数据对浙江省五个港口城市港航后勤服务企业的空间格局与演变特征进行分析。具体采用以下四种研究方法。

1. 空间点格局分析

在对浙江省主要港口城市港航后勤服务企业空间总体分布格局的分析中，本研究以收集到的港航后勤服务企业为样本，其中剔除掉信息不完整的样本后，以浙江省矢量地图为底图，基于企业的地址信息，以 ArcGIS10.2 为技术平台，建立基于企业地理信息的港航后勤服务企业空间属性数据库，并输出相应的空间分布图。其次是对浙江省除舟山外的四个港口城市港航后勤服务企业与城市交通矢量地图相匹配，分析港航后勤服务企业空间分布与交通网络之间的关系。本研究的研究区间为 2001~2016 年，期间共有 1991 家企业样本，宁波有 1043 家企业，舟山有 590 家企业，台州有 235 家企业，温州有 33 家企业，嘉兴有 90 家企业。

为科学地分析浙江省主要港口城市港航后勤服务企业的空间演化趋势，本研究分别选取我国加入 WTO 的 2001 年为第一个时间节点，选取全球金融危机爆发的 2008 年作为第二个时间节点，选取 2016 年作为第三个重要的节点。2001年，国内经济发展势头良好，港航后勤服务业也随之经历了高速发展时期，企业数量快速增长。2008 年金融危机之后，港航后勤服务业增速放缓，迎来了一个新的缓慢增长期。2001 年、2008 年和 2016 年分别有港航后勤服务企业样本 544 家、1433 家和 1991 家（部分港航后勤服务企业在 2001~2016 年研究时间段内注销，从注销日期起均不统计在样本内）。

2. 圈层分析

圈层分析法主要是将地理空间以一定距离为区分，划分出不同层次的圈层，并研究各圈层内样本的分布特征及趋势。由于浙江省宁波、舟山、嘉兴、台州和温州的城市空间发展现状不同，为了清晰表现出这五个港口城市港航后勤服务企业的空间分布特征，本研究根据现实发展情况分别对五个城市进行圈层中心设定和划分。

（1）对宁波的圈层划分。将镇海区、鄞州区、江东区三个区域的重心，即宁波市港航管理局设定为中心，以 10km 为一次间隔，将整个宁波地域范围划分为 10km、20km、30km、40km 和 50km 五个圈层。

（2）对舟山的圈层划分。将舟山市定海区人民政府设定为中心，以 10km 为一次间隔，将整个舟山地域范围划分为 10km、20km 和 30km 三个圈层。

（3）对嘉兴的圈层划分。将嘉兴南湖区的嘉兴市社会保障事务局设定为中心，以 10km 为一次间隔，将整个嘉兴地域范围划分为 10km、20km、30km、40km 和 50km 五个圈层。

（4）对台州的圈层划分。将台州市人民政府设定为中心，以 10km 为一次间隔，将整个台州地域范围划分为 10km、20km、30km、40km 和 50km 五个圈层。

（5）对温州的圈层划分。将温州市南塘风貌区码头设定为中心，以 10km 为一次间隔，将整个温州地域范围划分为 10km、20km、30km、40km 和 50km 五个圈层。

通过对这五个港口城市不同圈层内港航后勤服务企业的数量和占比的统计分析，可以探究浙江省沿海地区港航后勤服务企业在不同圈层距离上的空间分布特征及演变趋势。

3. 热点分析

热点分析是给出一组加权因素，使用 Getis-Ord Gi*统计识别具有统计显著性的热点和冷点，并绘制出热点分析图。其中统计量 G 的含义是指在特定区域及其距离 d 范围内的邻近区域中，特定区域的单元值与邻近区域单元值的关联度高低。热点分析常用于分析空间聚集的演变特征。统计量 G 可以表示出研究区域内的不同空间聚集模式，分别是在较高值的空间局部聚集，即为热点；在较低值的空间局部聚集，即为冷点。

为了探讨浙江省主要港口城市港航后勤服务企业的空间分布格局，本研究采用热点分析方法，对浙江省东部沿海地区的宁波、舟山、嘉兴、台州和温州的港航后勤服务企业空间分布特征与演变过程进行分析。以各城市作为一个研究区域，进行格网化处理。以格网作为基本空间单元，以企业集聚强度指数作为热点分析的统计变量，将企业数量的变动量划分为热点区域和冷点区域。将不同时间点上不同范围、空间位置的企业分布格局划分为高值簇与低值簇区域。通过对不同时间节点上空间聚集的分析，研究港航后勤服务企业在各地区范围内的空间分布趋势。

Getis-Ord Gi*的定义是

$$G_i^*(d) = \frac{\sum_j^n w_{ij}(d)x_j}{\sum_j^n x_j}$$

（3-1）

对$G_i^*(d)$进行标准化处理后，上述公式转化为

$$Z(G_i^*(d)) = \frac{G_i^*(d) - E(G_i^*(d))}{\sqrt{\mathrm{Var}(G_i^*(d))}}$$

（3-2）

式中，$E(G_i^*(d))$为统计量的期望值；$\mathrm{Var}(G_i^*(d))$为方差值；i空间权重矩阵记为w_{ij}；j区域的空间变量值记为x_j；x_j代表j区域内的企业数量。

当Z值呈正显著时，格网i区域集聚的企业数量增多，形成热点区域；当Z值呈负显著时，格网i区域集聚的企业数量减少，形成冷点区域。本研究利用热点分析识别港航后勤服务企业的热点区域分布，进而分析其空间集聚特征。

4. "新"新经济地理学分析

"新"新经济地理学是近几年地理学家和经济学家们争相研究的热点，是新经济地理学理论融入企业异质性，基于"企业成本差异、效率差异和集聚经济"所形成的理论。其主要将空间要素纳入主流经济学，展示了由异质性企业理论带来的选择效应和集聚效应，从而推动了区域经济学、城市经济学等传统经济学的发展，打破了地理学与经济学之间的隔膜。其中经济活动的空间聚集行为始终是"新"新经济地理学的主要研究内容。

所以本研究在探讨浙江省主要港口城市港航后勤服务企业空间分布格局影响机制时，运用"新"新经济地理学理论从宏观和微观两个角度探讨异质性与区位选择、空间集聚之间的联系，提出主要的企业空间分布格局影响机制，再结合浙江省实际发展情况，详细分析并总结出影响浙江省港航后勤服务企业空间分布格局的驱动机制。

本书采用以上四种研究方法对处于2001年、2008年和2016年三个不同时间节点的浙江省主要港口城市港航后勤服务企业空间布局和演化过程进行分析。这与目前较多集中于经济学和管理学领域的研究有所区别，希望通过本研究能够为浙江省及其他地区港口城市的港航后勤服务企业发展提供可靠的科学依据和案例，同时为改变将港口作为交通运输基础设施的传统研究模式提供理论参考。

第二节　浙江省港航后勤服务企业总体空间布局

特征与演变过程

根据 GIS 技术输出的空间分布图，首先从时间维度上分析 2001 年、2008 年以及 2016 年三个时间节点上的浙江省主要港口城市港航后勤服务企业的空间布局特征与演变。具体的空间分布情况如图 3-8 所示。

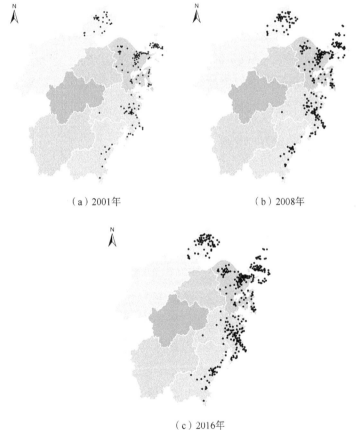

（a）2001年　　　　　　　　　　（b）2008年

（c）2016年

图 3-8　浙江省主要港口城市港航后勤服务企业空间演变图

根据图 3-8 所反映的浙江省主要港口城市港航后勤服务企业空间演变情况，可以得到如下的研究结论。

1. 企业空间布局总体呈"大集聚小分散"格局

由图 3-8 可知，浙江省港航后勤服务企业在 2001 年以前处于刚开始发展兴起阶段，各地区企业的分布较为分散，主要是集聚在宁波和舟山两个地区，尤其在宁波中心城区已形成了较为明显的集聚中心，而其他四个城市分布还较为分散。2001~2008 年，浙江省港航后勤服务企业进入了快速集聚阶段，从空间布点图可以看出，宁波港航后勤服务企业空间集聚现象更加明显，企业密度越来越大。此时，在台州和舟山也开始初步呈现空间集聚中心，同时集聚中心向四周扩散分布。而嘉兴和温州的企业依旧处于分散状态，但整体辐射面积和企业密度也在扩大。这一阶段的浙江省港航后勤服务企业空间集聚已初步呈现"大集聚小分散"的空间格局。2008 年以后，浙江省港航后勤服务企业进入了缓慢的发展阶段。2008~2016 年期间企业总体分布变动不大，但三个空间集聚中心已较为明显地形成，并围绕集聚中心向两翼呈递阶扩散分布。

综上所述，浙江省港航后勤服务企业空间集聚速度先快后慢，15 年间宁波、舟山、台州的港航后勤服务企业先后形成空间集聚中心，并在集聚中心四周形成密度较大的企业分布层，而嘉兴、温州的企业分布密度也在不断变大。浙江省港航后勤服务企业总体分布虽然较为分散，但已经形成了现在的 "大集聚小分散"格局。

2. 企业空间区位选择趋势有显著的海向集聚性

从企业整体空间区位选择上看，浙江省港航后勤服务企业的空间区位选择有显著的海向集聚性，这与五个城市所处的地理位置以及城市发展定位息息相关。由图 3-8 可知，在 2001 年以前企业处于刚发展阶段，企业的发展注册地主要在浙江省各城市的东部靠海区域分散。而在 2008 年以后，随着浙江省开始重点扶持发展港航物流服务业等八大现代海洋产业，港口与海洋经济在浙江省整体战略发展中的地位越来越重要，港航后勤服务企业的海向集聚性也愈发凸显。尤其是在宁波舟山港和台州港东部沿海区域形成了集聚中心。而在 2010 年后，五城四港合作进程加快，并开始整合海洋资源，多个海洋特色产业基地相继获批建设。宁波大宗商品交易所、舟山大宗商品交易所等重要大宗商品交易平台相继成立。经过多年的悉心经营，可以从 2016 年的分布图中看到，浙江省五个港口城市港航后勤服务企业的空间演变趋势大体和海洋战略发展方向一致，朝着海洋经济发展的重点区域演变分布，呈现显著的东部沿海化现象。

而在这五个城市中，舟山港航后勤服务企业的空间演化分布有些特殊。舟山是由群岛建制而成，位于长江口南，面向太平洋，具有扇形辐射之势，所以企业在选择地址时，主要结合舟山港以及交通主干道的分布，根据海向性集聚于舟山西部沿海区域。由于舟山群岛新区的建设，群岛上的港航后勤服务企业数量增加较快，增量企业的分布演变趋势也是朝着西部沿海区域布局，并在舟山西部沿海区域形成集聚中心。

3. 企业空间布局具有一定的港口依赖性

随着国际航运市场的发展，我国众多枢纽港口城市的发展都离不开港口。"城以港兴，港以城荣"已经是现在港口城市重要的发展方向。港航后勤服务企业与港口的发展息息相关，因此企业的发展以及区位选择都具有一定的港口依赖性。

根据空间分布图的企业集聚现状以及样本的数据统计可以看出，浙江省港航后勤服务企业在宁波、舟山集聚显著，企业密度远大于浙江其他城市，这说明宁波、舟山更有利于港航后勤服务企业的发展和成长，其港航后勤服务业规模也远大于其他地区，这一特征符合目前浙江省"一体两翼"的港口发展规划。宁波舟山港的发展带动了浙江其他港口以及周边港口的发展，也吸引港航后勤服务企业分布在各个港口附近。简而言之，港航后勤服务企业依赖于港口的发展，港口的发展也能够拉动港航后勤服务企业的快速成长。

第三节　主要港口城市港航后勤服务企业空间分布

特征与演变过程

本节首先根据GIS分析法输出2016年浙江省除舟山外的四个港口城市港航后勤服务企业与交通网络的空间分布图，并从空间维度上分析每个城市港航后勤服务企业的空间布局与交通网络的关系。其次由于不同城市的发展状况不同，在不同时间点的港航后勤服务企业空间分布格局及演化特征也有所差异。因此采用圈层分析法和热点分析法从时间维度上对浙江省五个城市的港航后勤服务企业空间分布与演变特征进行分别探究。按照"一体两翼"的港口分布格局，先对宁波和舟山两个城市的港航后勤服务企业进行分析，再对嘉兴、台州和温州的港航后勤服务企业进行研究，从而获取浙江省港航后勤服务企业空间分布规律的重要启示。

一、空间维度上的企业空间布局特征与演变过程

为了更为清楚地认识港航后勤服务企业空间区位选择的特点，本研究以2016年数据为基础，将浙江省主要港口城市港航后勤服务企业空间分布与各城市道路网络分布相对比。对比情况见图3-9。

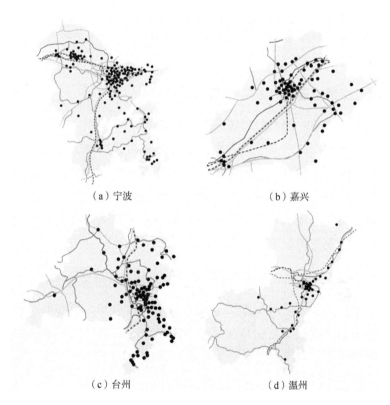

（a）宁波　　　　　　　　　　　　　（b）嘉兴

（c）台州　　　　　　　　　　　　　（d）温州

图3-9　2016年浙江省主要港口城市港航后勤服务企业与交通网络分布图

由于舟山岛屿地域狭小，因此未进行分析

由图3-9可见，浙江省主要港口城市的港航后勤服务企业区位选择以及空间演变与各城市主干道路分布有密切的联系，每个城市内部企业分布具有较强的道路依附性。

目前，浙江省主要港口城市港航后勤服务企业有将近90%以上分布于城市

交通主次干道附近，而空间集聚中心也位于道路交叉集聚区域。根据宁波港航后勤服务企业的分布情况可见，企业多选址于海曙区、鄞州区和江北区。这片区域集中分布了宁波主要的铁路、公路以及航空基础设施，拥有良好的运输干线网络。同时在镇海区西北方向可明显看出，港航后勤服务企业密集分布在G329国道和余慈高速周边地区，形成一个大写的交叉形状。而嘉兴、台州以及温州港航后勤服务企业空间集聚主要是在各城市道路主干道相互交叉密集的区域，并沿着道路向四周分布扩散。

综上所述，浙江省港航后勤服务企业具有很强的交通依附性，交通主次干道的交叉点对于港航后勤服务企业具有较强的集聚吸引力，空间分布具有道路依附趋势。这与港航企业的交通运输属性相匹配，体现了港航后勤服务对于交通便利性的需求。

二、时间维度上的企业空间布局特征与演变过程

以 2001 年、2008 年以及 2016 年为三个时间节点，运用圈层分析和热点分析对浙江省主要港口城市港航后勤服务企业的空间布局特征与演变过程进行识别。本研究根据五个港口城市的定位，将宁波和舟山归为核心地区，将嘉兴、台州和温州归为周边地区分别进行分析。由于各城市地形不规则，在圈层分析过程中，超出圈层范围的企业不被统计。核心地区和周边地区港航后勤服务企业的空间分布状况分析如下。

（一）核心地区港航后勤服务企业空间布局特征与演变过程

根据本章第一节的港航后勤服务企业数量分析可知，核心地区的港航后勤服务企业数量占比超过了企业总数量的 80%。这一地区的空间演变规律代表了核心集聚区的特征，对全省港航后勤服务企业的空间格局也有较大影响。

1. 宁波

在研究数据的基础上，对宁波港航后勤服务企业的空间分布进行圈层分析。分析结果如表 3-1 所示。

表 3-1　2001~2016 年宁波港航后勤服务企业圈层分布情况

位置	圈层距离/km	企业数量/家（占比/%）		
		2001 年	2008 年	2016 年
中心城区	0~10	152（72.04）	473（73.91）	657（74.49）
近郊区	10~20	21（9.95）	54（8.44）	67（7.60）
	20~30	21（9.95）	63（9.84）	91（10.32）
远郊区	30~40	6（2.84）	19（2.97）	31（3.51）
	40~50	11（5.21）	31（4.84）	36（4.08）
合计		211	640	882

由表 3-1 可知，2001~2016 年期间，宁波港航后勤服务企业主要集聚在 0~10km 的中心城区，并呈现较为明显的增长态势。而 10~30km 的近郊区以及 30~50km 的远郊区呈现小幅度增长趋势，总体空间集聚特征十分明显，在中心城区形成集聚中心。

2001 年，0~10km 的中心城区范围内，宁波港航后勤服务企业有 152 家，占全部港航后勤服务企业的比重为 72.04%。2008 年，企业数量增加到 473 家，占比增至 73.91%。此后，港航后勤服务企业数量一直较快增长，其占比也持续上升，到 2016 年占比上升至 74.49%。在 10~20km 的近郊区，港航后勤服务企业在企业数量增加的同时，占比呈现持续减少的态势，由 2001 年的 9.95%降至 2008 年的 8.44%，接着又降低至 2016 年的 7.60%。在近郊区 20~30km 的圈层内，港航后勤服务企业数量占比呈现先降低后上升的趋势，先由 2001 年的 9.95%降低至 2008 年的 9.84%，随后在 2016 年占比增加至 10.32%。就总体来看，占比依然呈上升趋势。而在 30~40km 的远郊区，港航后勤服务企业数量和占比呈现小幅度地持续上升趋势，由 2001 年的 2.84%一直增长至 2016 年的 3.51%。与此同时，40~50km 圈层内的港航后勤服务企业数量发展趋势恰好与 30~40km 圈层内的企业相反，总体占比呈现持续小幅度地减少，由 2001 年的 5.21%一直减少至 2016 年的 4.08%，但占比总体比 30~40km 圈层内的企业数量多。

根据不同圈层内的企业数量以及占比变化可以发现，宁波港航后勤服务企业在 0~10km 的中心城区发生集聚，企业占比始终较多。而在 10~30km 的近郊区企业数量占比呈现小幅度上升的态势，30km 以外的远郊区企业数量相对占比较低，但也有所增长。可以说随着时间的演变，宁波港航后勤服务企业在中心城区企业密度越来越大，并围绕集聚中心向两边呈递阶扩散分布。

为了更清晰地辨识宁波市港航后勤服务企业的主要集聚中心。以 2001 年、2008 年和 2016 年为三个时间节点，可以得到宁波港航后勤服务企业的空间分布热点图，如图 3-10 所示。

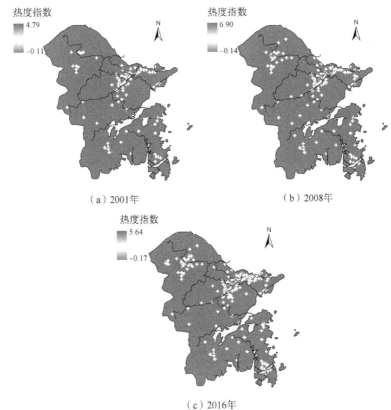

（a）2001年　　　　　　　　　　　　　（b）2008年

（c）2016年

图 3-10　宁波港航后勤服务企业空间分布热点演变图

由图 3-10 可见，2001 年宁波港航后勤服务企业分布的热点区域主要在鄞州区、江东区以及海曙区等中心地区，热度指数围绕热点区向外围递减，在北仑区、大榭港区、慈溪市和余姚市的交界区域内以及象山县以南形成次一级的温点地区。2001~2008 年期间，宁波港航后勤服务企业分布的热点区有了较大变动，鄞州区、江东区以及镇海区等地区的热度指数进一步加强，且热点区域辐射到海岸线南北两岸。中心城区的鄞州区、江东区以及海曙区等地区仍是企业分布的热点区域，甚至其热度指数有一点增强，热点区域面积扩大。而在慈溪和余姚的交界区域内形成了新的热点区域。此时北仑区、大榭港区、象山县以南区域依旧是温点地区，温点区域面积扩大。2008~2016年期间，宁波港航后勤服务企业分布的热点区域又有所改变，企业倾向分布的热点区由鄞州区、江东区以及镇海区等中心地区进一步向东转移，镇海区和北仑区的企业集聚范围大幅提升。象山县以南区域成为新的热点区，热度指数显著增加。

综上可知，宁波港航后勤服务企业的空间热点布局主要在鄞州区、江东区以及海曙区等中心地区，而远郊城区随着中心城区企业的扩散增长分布，热度指数逐渐上升。

2. 舟山

在研究数据的基础上，对舟山港航后勤服务企业的空间分布进行圈层分析。分析结果如表3-2所示。

表3-2　2001~2016年舟山港航后勤服务企业圈层分布情况

位置	圈层距离/km	企业数量/家（占比/%）		
		2001年	2008年	2016年
中心城区	0~10	89（49.72）	176（47.70）	263（49.25）
近郊区	10~20	47（26.26）	68（18.42）	91（17.04）
远郊区	20~30	43（24.02）	125（33.88）	180（33.71）
合计		179	369	534

由表3-2可知，2001~2016年期间，舟山港航后勤服务企业主要分布在0~10km的中心城区。2001年，在此圈层内的港航后勤服务企业数量为89家，占比49.72%，2008年企业数量增长至176家，相比于2001年增加了将近1倍，但占比下降至47.70%。2016年，企业数量达到了263家，较2008年增加了49.43%，占比略有上升，增加至49.25%。由此可见，0~10km圈层内的港航后勤服务企业数量占比呈现先下降后上升的态势，总体还是稍有下降，但其所占的比例远高于近郊区和远郊区圈层内的企业占比，仍是舟山港航后勤服务企业布局的主要区域。在10~20km的近郊区圈层范围内，港航后勤服务企业数量由2001年的47家增加到2016年的91家，所占比重由2001年的26.26%下降至17.04%。在20~30km的远郊区圈层范围内，港航后勤服务企业数量由2001年的43家增长到2016年的180家，企业占比与近郊区相反，由24.02%上升到33.71%。

　　根据不同圈层内的企业数量以及占比变化可以发现，2001~2016 年期间内，舟山港航后勤服务企业数量在内圈层逐步降低，但企业大部分还是集聚在中心城区。而外圈层 20~30km 的远郊区企业数量在 2001 年与近郊区的企业数量相近，但到 2016 年增长的数量是近郊区企业数量的近 2 倍。这说明舟山港航后勤服务企业在中心城区内显著集聚，但随着中心城区企业的不断增多和时间的推移，一部分企业退出中心城区激烈竞争转而选择远郊进行企业布局，甚至更有向 30km 以外的群岛区域进行空间变迁的趋势。

　　以 2001 年、2008 年和 2016 年为三个时间节点，可以得到舟山港航后勤服务企业的空间分布热点图，如图 3-11 所示。

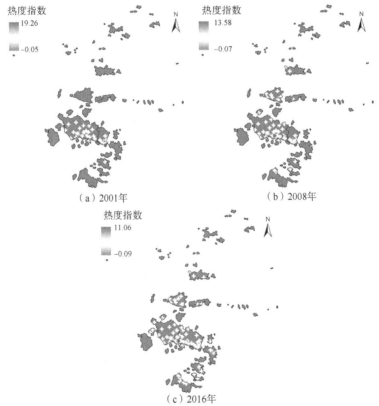

图 3-11　舟山港航后勤服务企业空间分布热点演变图

　　由图 3-11 可见，2001 年舟山港航后勤服务企业分布的热点区主要集中在定海区中心地区市政府附近以及普陀区等地区，定海区西南沿海两岸形成次一级温点区，其他群岛基本无热点分布。2001~2008 年期间，定海区西南沿海热点区域不断扩大，热度持续提升。岱山县的企业分布数量增加较多，并形成了热点区。2008~2016 年期间，由于受宁波舟山港口一体化的影响，靠近宁波的定海区仍然是港航后勤服务企业分布的热点地区，且向西北辐射使得定海西北地区成为温点区。与此同时，朱家尖开始呈现出新的热点区态势。

综上可知，舟山港航后勤服务企业主要集聚在定海区中心及西南沿海两岸，且这种集聚趋势依旧很显著。不过随着时间的推移，普陀区、朱家尖以及岱山县等群岛由于新区的建设也开始成为港航后勤服务企业分布的地区。由此可以总结得到，舟山港口后勤服务企业主要在中心城区集聚，但同时开始沿中心城区向群岛分布。

（二）周边地区港航后勤服务企业空间布局特征与演变过程

虽然周边地区的港航后勤服务企业数量占比并不高，与核心地区相比的重要性也相对较弱。但该地区依然是浙江省发展港航后勤服务业的重要组成部分，并较大程度地承载了核心地区产业转移和溢出效应。因此，正确认识周边地区港航后勤服务企业的空间演化趋势也具有十分重要的价值。

1. 嘉兴

基于现有数据，对嘉兴港航后勤服务企业的空间分布进行圈层分析。分析结果如表 3-3 所示。

表 3-3　2001~2016 年嘉兴港航后勤服务企业圈层分布情况

位置	圈层距离/km	企业数量/家（占比/%）		
		2001 年	2008 年	2016 年
中心城区	0~10	11（40.74）	33（48.53）	37（42.05）
近郊区	10~20	2（7.41）	6（8.82）	10（11.36）
	20~30	5（18.52）	11（16.18）	15（17.05）
远郊区	30~40	5（18.52）	11（16.18）	18（20.45）
	40~50	4（14.81）	7（10.29）	8（9.09）
合计		27	68	88

由表 3-3 可知，2001~2016 年期间，嘉兴港航后勤服务企业的数量较少，演变趋势总体是先加速上升后缓慢上升，与浙江省总体港航后勤服务企业的数量变化趋势相似。2001~2008 年期间,圈层内嘉兴港航后勤服务企业数量增幅为 151.85%,

2008~2016 年期间，企业数量增幅降至 29.41%。从内圈层到外圈层的港航后勤服务企业变化趋势也有所不同。嘉兴的港航后勤服务企业分布较为分散，在 0~10km 的中心城区圈层内，2001 年的港航后勤服务企业数量为 11 家，占比 40.74%，2008 年企业数量增长至 33 家，较 2001 年增加了近 2 倍，占比上升至 48.53%。到 2016 年，企业数量占比又下降至 42.05%。在 10~20km 的近郊区内，企业数量占比出现持续上升现象。2001 年的港航后勤服务企业数量占比只有 7.41%，2008 年和 2016 年的企业数量占比连续上升至 8.82% 和 11.36%。在 20~30km 的近郊区内，港航后勤服务企业数量占比变化呈现先下降后上升的趋势，其总体趋势是下降的。2001 年的港航后勤服务企业数量有 5 家，2008 年的企业数量升至 11 家，在 2016 年又增加了 4 家，达到 15 家。在 30~40km 的远郊区内，港航后勤服务企业数量占比和 20~30km 圈层内情况类似，但总体趋于上升。2001 年的港航后勤服务企业数量占比为 18.52%，到 2008 年占比下降至 16.18%。后又快速增长至 2016 年的 20.45%，占比仅次于中心城区。与此同时，在 40km 以外的远郊区内，企业占比数量却在逐年下降，由 2001 年的 14.81% 下降至 2016 年的 9.09%。

根据不同圈层内的企业数量以及占比变化可以发现，嘉兴港航后勤服务企业总体空间分布较为分散，中心城区的企业集聚数量也较不稳定，圈层集聚现象较不明显。

以 2001 年、2008 年、2016 年为三个时间节点，可以得到嘉兴港航后勤服务企业的空间分布热点图，如图 3-12 所示。

从 2001 年、2008 年以及 2016 年三个时间节点可以发现，2001 年嘉兴港航后勤服务企业分布的热点区主要集中在南湖区和秀洲区交界，其他地区的企业分布较为松散。到 2008 年，南湖区、秀洲区等地区热点指数大幅提升，且热点区范围有所增大。嘉善县靠近上海区域的热点指数上升较为明显，成为次一级温点区，热度面积有所扩大。到 2016 年，南湖区和秀洲区依然是嘉兴港航后勤服务企业分布的热点地区，但是在南湖区以东北方向的嘉善县和南湖区以东南方向的平湖市开始出现热点，且热度指数也有所上升。

综上可知，嘉兴港航后勤服务企业主要集聚在南湖区和秀洲区，这个地区存在显著的集聚趋势。但是随着时间的推移，嘉善县和平湖市也开始出现大规模的企业集聚。可见嘉兴港航后勤服务企业的演变趋势是以南湖区为中心不断向四周扩大，并存在向附近县市变迁的趋势，形成中心城区和远郊地区主次集聚中心的趋势。

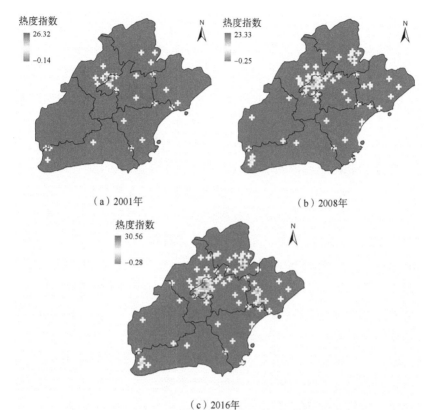

（a）2001年　　　　　　　　　　　　　　（b）2008年

（c）2016年

图 3-12　嘉兴港航后勤服务企业空间分布热点演变图

2. 台州

　　基于现有数据，对台州港航后勤服务企业的空间分布进行圈层分析。分析
结果如表 3-4 所示。

表 3-4　2001~2016 年台州港航后勤服务企业圈层分布情况

位置	圈层距离/km	企业数量/家（占比/%）		
		2001 年	2008 年	2016 年
中心城区	1~10	32（58.19）	67（47.87）	95（46.11）
近郊区	10~20	8（14.55）	14（10.00）	28（13.59）
	20~30	5（9.09）	31（22.14）	31（15.05）
远郊区	30~40	6（10.90）	8（5.70）	23（11.17）
	40~50	4（7.27）	20（14.29）	29（14.08）
总计		55	140	206

由表 3-4 可知，2001~2016 年期间，台州港航后勤服务企业总体数量相对于宁波和舟山偏低，其企业分布在 0~10km 中心城区范围内的数量占比持续下降。2001 年，分布在 0~10km 中心城区圈层范围内的港航后勤服务企业有 32 家，占比为 58.19%，超过 2001 年企业总数量的一半。2008 年，台州港航后勤服务企业共有 140 家，其中有 67 家分布在中心城区内，占比 47.87%，较 2001 年大幅下降。2016 年，中心城区内港航后勤服务企业增加到 95 家，占比 46.11%。总体来看，在 0~10km 圈层内的港航后勤服务企业数量所占比例虽持续下降，但依然远高于其他圈层，中心城区仍旧是台州港航后勤服务企业的主要分布区域。在 10~20km 的近郊区内，港航后勤服务企业由 2001 年的 8 家增加到 2016 年的 28 家，所占比重在 2008 年先下降至 10%，而后在 2016 年上升至 13.59%。在 20~30km 的近郊范围内，2001~2018 年港航后勤服务企业数量出现了大幅增长，从 5 家增加至 31 家，占比升至 22.14%。之后，企业数量保持相对稳定，而占比有所下降。30km 以外的远郊范围企业数量占比也较不平衡，30~40km 的远郊区呈现先降后升的趋势，40~50km 的远郊区则呈现先升后稳的特征。

从 2001 年、2008 年、2016 年三个时间节点上的企业数量和占比来看，台州港航后勤服务企业在中心城区的比重持续下降，在外圈层的比重递阶交替增长。虽然在中心城区依然保持了中心集聚，但外迁趋势较为显著。

以 2001 年、2008 年、2016 年为三个时间节点，可以得到台州港航后勤服务企业的空间分布热点图，如图 3-13 所示。

由图 3-13 可见，2001 年台州市椒江区和黄岩区是台州港航后勤服务企业分布的热点区域，其他区域的企业分布较为零星。到 2008 年，椒江区、路桥区以及温岭市东南地区的热点指数进一步增强，热点区面积进一步增大，临海市的企业分布也有所增加。到 2016 年，路桥区、温岭市东南沿海地区成了台州港航后勤服务企业布局的热点地区，热点指数也有所上升。此外，临海市、黄岩区和三门县的企业数量也有所增长。

综上可知，椒江区、路桥区和温岭市东南沿海地区是台州港航后勤服务企业分布和集聚的最主要地区，而其他区域的企业分布相对较为分散，集聚格局与嘉兴较为相似，呈现出"一主两副"的空间集聚特征。

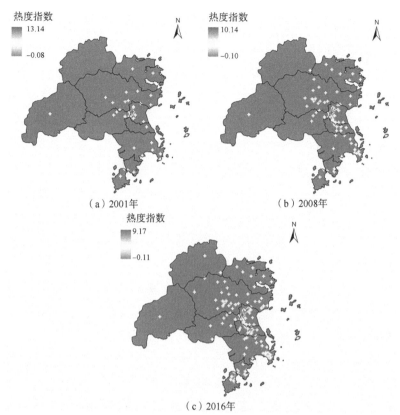

图 3-13　台州港航后勤服务企业空间分布热点演变图

3. 温州

基于现有数据，对温州港航后勤服务企业的空间分布进行圈层分析。分析结果如表 3-5 所示。

表 3-5　2001~2016 年温州港航后勤服务企业圈层分布情况

位置	圈层距离/km	企业数量/家（占比/%）		
		2001 年	2008 年	2016 年
中心城区	0~10	2（25.00）	9（39.13）	10（35.72）
近郊区	10~20	2（25.00）	2（8.70）	3（10.71）
	20~30	1（12.50）	4（17.39）	5（17.86）
远郊区	30~40	2（25.00）	2（8.70）	3（10.71）
	40~50	1（12.50）	6（26.08）	7（25.00）
合计		8	23	28

　　由表 3-5 可知，2001~2016 年期间，温州港航后勤服务企业的数量一直较少，较难形成明显的空间格局。在 0~10km 的中心城区圈层内，2001 年的港航后勤服务企业数量仅有 2 家，占比 25%。2008 年企业数量增长至 9 家，较 2001 年增加了近 4 倍，占比上升至 39.13%。至 2016 年，中心城区港航后勤服务企业数量增长至 10 家，占比为 35.72%，略有下降。10~20km 的近郊区内，港航后勤服务企业数量由 2001 年的 2 家增加到 2016 年的 3 家，企业数量变化较少，比例有所下降。而 20~30km 的近郊区内，港航后勤服务企业数量由 2001 年的 1 家增长到 2016 年的 5 家，增长较为明显，占比由 12.5%上升至 17.86%。30~40km 远郊区内的企业变化和 10~20km 的近郊区基本一致，数量也相对较少。而在 40km 以外的外圈层，企业数量出现了明显的增加，从 2001 年的 1 家上升到 2016 年的 7 家，比例也从 12.5%提高到 25%。

　　从 2001 年到 2016 年的两个时间段内可以发现，即使在最高点的 2008 年，0~10km 中心圈层内的温州港航后勤服务企业数量占比也未超过 40%，且企业数量也未超过 10 家，空间集聚现象并未出现。

　　以 2001 年、2008 年、2016 年为三个时间节点，可以得到温州港航后勤服务企业的空间分布热点图，如图 3-14 所示。

　　由图 3-14 可见，2001 年，温州港航后勤服务企业数量稀少，分布也较为分散，并未形成明显的热点区。到 2008 年，瓯海区和龙湾区等中心城区的热度上升，形成了微弱的热点区域，其他区县的企业分布依然较少。到 2016 年，温州港航后勤服务企业的整体分布范围有所增加，原有的热点区更为明显，乐清市和瑞安市的企业分布数量和范围有所扩大。

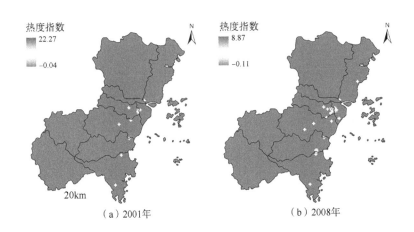

（a）2001年	（b）2008年

（c）2016年

图 3-14 温州港航后勤服务企业空间分布热点演变图

综上可知，温州港航后勤服务企业在瓯海区和龙湾区有小规模的企业集聚趋势，但由于受到规模的制约，其空间集聚特征并不十分显著。

第四节 浙江省港航后勤服务企业空间演变机制

港航后勤服务企业空间分布演变机制影响因素有很多而且比较复杂，很难从定量方面进行分析。所以本节主要从宏观和微观两个方面结合"新"新经济地理学理论来分析影响浙江省港航后勤服务企业空间布局的演变因素。

一、港航后勤服务企业空间演变的宏观因素

（一）经济全球化

"新"新经济地理学认为一个地区具有良好的发展空间以及丰富的资源，容易吸引企业进入该地区，而当跨区域外来企业也进入该地区时，其资源和文化的差异会改变该地区企业的市场份额和组织结构。所以经济全球化对于我国尤其是长江三角洲地区、珠江三角洲地区的港航后勤服务业影响很大。

在经济全球化快速发展的背景下，世界贸易与货物运输量逐年上升，现代港口的作用和地位也越来越重要，这使得航运业的需求大幅度增加，而港航后勤服务企业的出现则为满足航运需求提供了条件。自 2001 年我国加入 WTO 以来，经济全面接轨国际，同时我国将海洋运输、港口服务、海运辅助服务等领域逐渐对外开放市场。贸易需求量的增加以及经济发展方式的转变给港口经济的发展带来了良好的机遇。与此同时，实力强大的国际航运企业陆续进驻国内

市场，多家跨国企业总部或分公司纷纷落户我国。尤其是长江三角洲地区的浙江、上海、江苏的跨国企业数量最多。这些跨国企业所拥有的资源以及实力能够对我国中小型企业的发展起到很好的借鉴作用，也影响了我国港航后勤服务业的市场结构。

2015 年 10 月，宁波航运交易所与英国波罗的海交易所签订合作协议，这是波罗的海交易所首次与其他机构合作。随着"海上丝路指数"的发布，宁波在全球航运业影响力正逐步增大，也增加了浙江以及周边地区港航后勤服务企业的吸引力。2016 年，宁波舟山港与全球最大的班轮公司马士基联手签订了全面深化战略协议。2018 年，宁波舟山港已经与全球 100 多个国家和地区的 600 多个港口建立了贸易联系，成为浙江经济与全球经济紧密联系的重要通道，间接提升了浙江省的国际地位，进而吸引与港口相关配套的港航后勤服务企业集聚。

综上所述，在经济全球化的大背景下，随着航运业需求的增加以及浙江港口的不断转型升级，作为服务业的港航后勤服务企业在功能结构和空间分布上也随之不断发生变化。在功能结构上，由传统的装卸、搬运、仓储企业逐渐升级发展成为金融、船舶管理等衍生类企业。在空间分布上，越来越多的港航后勤服务企业被浙江港口所吸引，开始在浙江各港口城市形成集聚，从而改变该地区港航后勤服务企业的空间分布格局。

（二）技术变革

"新"新经济地理学认为技术的变革有利于企业在同类市场上形成竞争力。当一个地区技术比另一个地区密集时，该地区的企业能够依靠技术优势实现低成本，从而迁入高集聚核心区域，而技术匮乏的地区使得企业由于高成本迁移至低竞争的边缘区域，由此可见技术变革的重要性。

技术变革对于港航业的发展具有深远的影响，是港航产业转型升级必不可少的条件。越来越多科技成果的应用，为传统类港航后勤服务企业转型发展提供了条件，并进一步提高了企业的专业化程度。

1. 集装箱化

随着适箱货在海洋运输货物中所占的比重越来越大，集装箱运输在海上运输中的地位不断上升，正逐渐取代传统杂货运输，成为港口经济的重要增长点。浙江省的集装箱运输起步较晚，但发展速度较快。

宁波舟山港是浙江港航强省建设的主推动力，也是浙江省最重要的集装箱港口。2009 年，宁波舟山港货物吞吐量达到 5.77 亿 t，位居全球港口货物吞吐量第一，同时占浙江省全年货物吞吐量的比例超过 80%。2017 年，宁波舟山港港口货物吞吐量达到 10.1 亿 t，成为全球首个 10 亿 t 大港。从 2006 年到 2017 年期间，宁波舟山港集装箱吞吐量由 706 万标箱（TEU）增加到 2460 万 TEU。继 2014 年和 2015 年先后超越釜山港和香港港后，2018 年宁波舟山港集装箱吞吐量有望超越深圳港，晋升全球集装箱港口前三。2006~2016 年宁波舟山港货物吞吐量和集装箱吞吐量变化如图 3-15 所示。

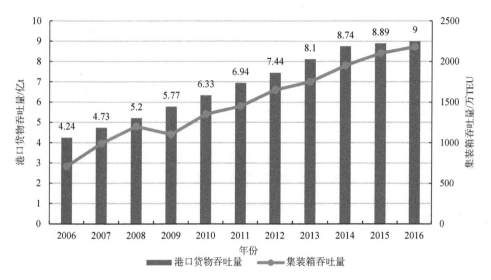

图 3-15 2006~2016 年宁波舟山港货物吞吐量和集装箱吞吐量情况
数据来源于中国港口年鉴

集装箱化提升了港口物流的增值服务需求，为港航后勤服务企业拓展了业务空间。集装箱业务带动了高端港航后勤服务业的发展，为港航后勤服务企业的结构提升提供了可能。

2. 船舶大型化

近年来，随着经济全球化进程的不断加快，全球集装箱运输网络也不断发展。为了满足不断增长的全球货物运输需求，船舶大型化、低龄化趋势日益显著。尤其是随着各类集装箱枢纽港的转型升级以及国际运输航线的开辟，各国对于超巴拿马型集装箱船舶等大运力船型的订单量逐年增长。集装箱船舶大型化已逐渐成为现代航运业的发展趋势之一。与国际航运业趋势同步，我国的船队也正朝着大吨位方向发展。"十二五"期间，我国大型化船舶的持有量不断增加，大型船舶数量占比持续上升。在"十三五"期间，老旧船舶将加速淘汰，集装箱、油轮等专用船舶的升级速度将继续加快，船舶运力结构将进一步优化。

船舶大型化的发展势必对港口的水深要求越来越高。宁波舟山港是天然的深水良港，拥有良好的港口停泊和接卸能力，吸引了全球众多著名班轮公司选择挂靠大型集装箱船舶。其中，宁波港域是我国超大型船舶挂靠最多的集散港区，也是国际一流深水枢纽港。目前拥有万吨级以上深水泊位 60 座，可供 25 万吨级以下船舶出入港口。舟山港域是以水水中转为主的深水港区，可供 30 万吨级以下的船舶出入港口，能够满足第六代、第七代集装箱船舶、大型油轮、大宗散货船的通行。随着船舶的大型化发展，港口的揽货能力也成为港口维持竞争力的重要因素之一。宁波舟山港、台州港、嘉兴港、温州港可依托浙江以及周边地区经济腹地，通过港口之间良好的干线网络关系进行揽货，以满足大型船舶的货源需求。

由此可见，浙江省主要港口能够快速适应船舶大型化的发展趋势。这不仅有利于强化浙江港口的综合实力，提升港口的国际地位，也将对浙江省的对外贸易、金融和航运服务产生积极的影响。通过港口产生的强大集聚效应，吸引周边城市的港航后勤服务企业集聚在浙江沿海地区，并推动船舶修理与技术服务、国际船舶代理、海上国际货运代理等港航后勤服务企业的转型发展。

3. 信息化

在港口一体化的进程中，信息化技术的应用起到了重要的作用，不仅推动了港口基础设备、人力、物力资源的多向整合，也推动了港航后勤服务业的建设发展。随着"互联网+物流"被纳入国家重点规划，信息化已成为扩大贸易总需求和推动港口发展的重要举措。

在信息化方面，宁波舟山港一直走在国内的前列。1997 年，宁波港口 EDI 中心平台开始试运营，支持船公司、码头、理货等操作与货主、场站和银行之间实行电子数据的实时共享。2003 年，宁波港引进集装箱码头数字管理系统，加快了数字化集装箱码头建设和集装箱运输无纸化经营。随着"宁波舟山港"一体化的实施，信息技术在港口基础设施、数据处理等领域的应用不断加快。目前，宁波舟山港正积极利用"互联网+"建设智慧港口，大力推广网上码头营业厅和网上物流交易厅建设，以便利口岸通关环境，提升港口运营效率。随着"互联网+"的引入，港口体系的通信技术设备得以不断完善，港口信息化技术的应用也越来越多，从而加快了港航后勤服务企业与其他港口产业的融合，实现了企业与企业之间、企业与港口之间以及码头与监管部门之间的信息资源共享。利用信息共享平台能使货主与企业之间实现供给信息的充分对接，为浙江港航后勤服务企业发展提供了强大的技术后盾。

此外，港口的信息化也给中小型港航后勤服务企业的发展带来了新的机遇，促进了浙江省以及周边地区中小型港航后勤服务企业的增长。而从港航后勤服务业的功能方面来说，也有利于传统类港航后勤服务企业快速向船舶相关技术服务、船舶管理、航运金融保险等高端衍生类港航服务企业转型。

（三）产业组织网络化

"新"新经济地理学认为在同一个地区面对同样激烈的竞争，有的企业生存下来，而有的企业退出市场，是由于企业与产业内的结构不够融合。每个地区的产业结构很复杂，企业在发展过程中会受到很多因素的制约，只有不断改变资源和市场份额，在产业内形成联系，使产业组织网络化，才能在日益激烈的竞争当中生存和发展。

在港口发展初期，受区位选择、自然条件和其他政治经济条件的影响，浙江省内港口之间基本处于独立发展阶段，互相间缺乏融合。在港航后勤服务体系中，也基本为传统类港航后勤服务企业。而随着航运市场供需矛盾日趋严峻，港航后勤服务企业发展十分艰难。为了应对港口产业存在的这一瓶颈，2006年宁波港和舟山港实现合并。结合两者的区位优势、腹地优势以及资源优势，宁波舟山港发展势头良好，也间接为嘉兴港、台州港和温州港等港口提供了不可多得的发展机遇，带动了这些港口以及港口城市的发展。依托于日益改善的金融、经济、贸易等环境以及不断升级的港口硬件条件，浙江省对于港航后勤服务企业的吸引力逐步增加，企业的结构以及功能也开始转变。而随着宁波舟山港一体化的持续加深，吸引了各大航运联盟以及实力强大的班轮公司挂靠，同时也开始加快对省内其他三个支线港口的综合利用以及基础设施建设合作。此时的港航后勤服务企业组织结构已开始发生较大的变化，不再只是提供单个城市内部的联系和交易，开始逐渐形成覆盖整个浙江东部沿海地区的港航服务网络，以实现该区域的港航物流资源整合。

港航后勤服务产业组织网络化的形成，改变了原有的产业结构，促进了港口间的融合，提升了港航服务功能，为浙江港口嵌入全球航运网络提供了可能。这不仅提高了整个港口体系的效率，也给浙江省各城市的货物运输带来了巨大利益，使浙江东部沿海地区形成资金、信息、技术以及商品的汇聚，促进港航后勤服务企业的集聚。

（四）国家和地方政策

"新"新经济地理学认为企业的区位选择与空间集聚受到政府的政策因素影响。国家和地方出台的港航产业相关发展规划对于港航后勤服务企业的发展有着重要作用，政府的优惠政策能够提高对港航后勤服务企业的需求，吸引企业进入市场。政府政策是企业集聚的导向标，能够使港航后勤服务企业明确自身的定位，依托于相关政策做强做大企业规模。同时，政府政策也会间接影响地区的空间发展方向，从而形成有利于港航后勤服务企业发展的空间布局。

1. 国家政策

为了促进港口以及航运产业的发展，国家先后出台了一系列支持产业发展的相关政策和意见。2011年，国务院正式颁布了《关于加快长江等内河水运发展的意见》，为内河航道发展和港航产业集聚提供了依托。浙江属于内河资源较为发达的省份，开通杭甬运河后更是为宁波舟山港与浙江通航内河水运体系之间的衔接提供了便捷，使得宁波舟山港的集疏运体系在运输方式上有了更多选择。2014年，交通运输部出台了《关于加快现代航运服务业发展的意见》。意见要求积极促进传统航运服务业的转型升级，提高航运交易、金融、保险等能力，创新报关代理、船舶代理以及船舶管理等服务功能，力求在2020年基本形成优质服务、有序竞争、功能齐备、便捷高效的现代航运服务业体系。2015年，财政部发文免征中小型航运企业的船舶港务费，减轻了中小型航运企业的经济负担。2016年，国务院同意设立舟山江海联运服务中心，提高长江黄金水道运输效率。2017年，国务院批复设立浙江自由贸易试验区，重点发展国际大宗商品贸易，建设具有国际影响力的资源配置基地。一系列国家发展战略为浙江港航后勤服务企业的生存和发展提供了良好的环境，尤其在国家"一带一路"倡议持续推进的背景下，不仅浙江省港口经济迎来了新的契机，其周边地区的港航后勤服务企业发展也有了广阔的拓展空间。

2. 地方政策

为了响应国家政策对港航后勤服务业的大力扶持，浙江省以及各城市也积极出台了一系列港口产业发展相关政策。2008 年，舟山市出台了《关于扶持航运业发展的若干意见》，帮助推动本地区航运业的快速发展。2010 年，在交通协会的大力推动和支持下，宁波舟山港与嘉兴港、台州港、温州港等港口签订了港口合作协议，港口联盟逐渐形成。在此之后，嘉兴港、台州港、温州港等港口的集装箱吞吐量和货物吞吐量均有了大幅度的增长，起到了龙头港口的带动作用。2011 年，宁波市出台《宁波市加快打造国际强港行动纲要（2011—2015）》，明确推进国际强港战略。2016 年，《宁波-舟山港总体规划（2014—2030 年）》获批，"一港、四核、十九区"的港口空间布局确立，江海联运服务中心建设不断加快。2017 年，浙江省政府同意设立宁波"一带一路"建设综合试验区，加快发展港口互联互通。

地方政府的政策为港口和航运业的发展提供了强有力的支持。这无疑为浙江省港航后勤服务企业的成长提供了良好的市场和政策契机。随着浙江海洋经济战略的持续推进，有利于吸引更多的港航后勤服务企业，在航运要素市场上形成聚集效应，推动现代港航后勤服务业的全面发展。

二、港航后勤服务企业空间演变的微观因素

（一）港口布局和交通条件

"新"新经济地理学认为基于企业的异质性，廉价的成本以及便利的交通设施会促使竞争力强的企业和劳动力不断进入该地区，并在空间上形成集聚。港口与交通基础设施是港航后勤服务企业空间演变的基础，也是影响港航后勤服务企业空间分布的直接因素。合理的港口布局和良好的交通干线网络能够吸引港航后勤服务企业形成集聚，并朝着接近物流枢纽的区域分布。

1. 港口布局

浙江的主要港口基本集中于东部海岸线，其中以宁波港发展最早。在港口发展初期，由于航道淤浅、码头设施设备陈旧，浙江的港口发展较为缓慢。1974 年，宁波开始大规模地在镇海建设新港，以减轻当时上海港口的运输压力。1978 年，为了给上海宝钢配套运输铁矿石，宁波开始兴建北仑港。经过数十年的建设，宁波港已成为我国南方最大的煤炭、石油、矿石转驳地。镇海、北仑等港区附近也集聚了一大批临港产业和港航后勤服务企业。2008 年，国务院批准设立宁波梅山保税港区，宁波的港口功能得到拓展，港航产业链不断向上游攀升。之后，随着宁波舟山港口一体化的持续推进，以宁波、舟山为核心的港口产业集聚区日渐成熟，"一港、四核、十九区"的港口空间格局逐渐形成，省内的港航后勤服务企业也逐渐向该区域集聚。与此同时，嘉兴港、温州港和台州港等支线喂给港口也得到了一定的发展，区域干支线网络日渐形成。港口体系的日臻完善和港口空间布局的确立，促进了港航后勤服务企业依据自身的特点和服务对象，也形成了相适应的产业集聚。可以发现，港口布局是影响港航后勤服务企业空间演变的决定性因素，是港航后勤服务企业赖以生存的根基。

2. 交通条件

浙江省地处长江三角洲地区，拥有良好的交通区位优势。浙江省交通基础设施完善，是全国交通运输综合改革试点省。在公路方面，2016 年浙江省公路里程已经达到 11.9 万 km，高速公路 4062km。在航空方面，浙江已拥有三个国际机场、四个支线机场。在内河方面，基本形成以京杭运河、长湖申线等航道为核心的"北网南线、双十千八"的骨干航道布局。依托现有的公路、水路、铁路以及杭州湾跨海大桥、舟山跨海大桥、京杭运河延伸段等重要交通节点，基本构成了浙江省港口的集疏运网络。完善的集疏运条件，为港口的腹地拓展提供了便利，提升了港口对浙江省内以及周边省份的辐射能力。由此，也为浙江港航后勤服务企业的业务拓展创造了条件。与此同时，便利的交通网络也能够吸引更多的周边地区企业向港口毗邻区域集聚，形成港航后勤服务产业的集聚区，从而改变了港航后勤服务企业的空间分布格局。

（二）地价演变

"新"新经济地理学认为企业的空间集聚行为也直接受到地区地价的约束影响，每个企业都会选择最优区位使自己的企业在市场份额和成本上达到最优水平。一般而言，一个地区的地价会随着地区的发展不断变化，地价高的地区市场规模较大，但企业竞争往往也较为激烈。而企业若想在核心区域维持规模经济效应，就必须提升自身产品或服务的竞争能力。否则，只能退出核心区域，迁往地价相对较低的边缘区域，以降低经营成本。简而言之，就是地区经济的发展会促使地价上升,而地价的上升往往会对该地区的企业发展形成成本约束作用。

　　浙江省具有良好的地理优势,经济发展居全国前列,所以其地价一直处于高位。2013 年浙江省开始实施"三改一拆"的行动计划。而在之后的三年内,浙江省的旧工厂、旧住宅区以及城中乡大多数进行了全面改造,改变了土地闲置浪费的现象。随着"三改一拆"行动计划的实施,浙江省近几年城乡面貌得以改善,并朝着新型城市化、环境优美化的美丽浙江大步前进。浙江省城市化进程的不断加快,促使近几年的城市综合地价也快速上升,目前已是属于寸土寸金的状态。2014~2016 年浙江省主要沿海城市每季度综合地价变化情况如图 3-16 所示。

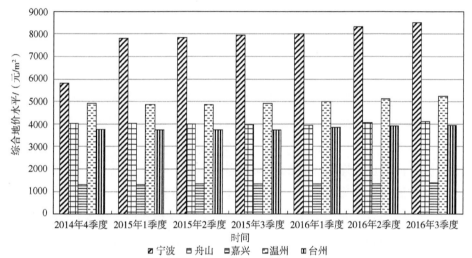

图 3-16　2014~2016 年各季度浙江省主要沿海城市综合地价变化情况

数据来源于浙江省国土资源厅

　　由图 3-16 可以发现,在五个沿海城市中宁波的城市综合地价始终保持最高,2016 年第三季度的综合地价已经达到 8492 元/m²。其次是温州,2016 年第三季度温州的城市综合地价为 5232 元/m²。舟山和台州的城市综合地价较为接近,在 2016 年第三季度的城市综合地价基本保持在 4000 元/m² 左右,不足宁波城市综合地价的一半。而嘉兴的城市综合地价明显低于其他四个城市,2016 年第三季度的城市综合地价仅为 1394 元/m²,仅有宁波的 1/6。

　　日益增长的城市地价对于港航后勤服务企业的空间分布演变影响较大。宁波的港航后勤服务企业受到高额的地价约束作用较为明显,因此先前位于中心城区的大量仓储、物流等传统港航后勤服务企业,随着时间的推移开始呈现出明显的郊区化,逐渐向地价较低的边缘地区扩散。而那些航运金融、保险等高端衍生类港航后勤服务企业则不受中心城区高地价的约束作用，在中心城区形成空间集聚。地价约束的特征也可以从温州的港航后勤服务企业布局得到验证。由于可使用土地较少，温州的地价水平也相对偏高，而温州的其他相对优势也并不明显，因此在五个港口城市中，温州的港航后勤服务企业分布最少，空间集聚受到地价的约束十分明显。而舟山、台州和嘉兴，虽然经济发展水平落后于宁波，但地价相对较低，所以也先后形成了不同规模的港航后勤服务企业空间集聚中心。

（三）就业人口

"新"新经济地理学认为就业人口的数量往往代表了一个地区的发展状态。随着时间的推移，劳动力往往集聚在发达地区。这是由于落后地区的技术水平较差，生产率不高，对劳动力的吸引程度不高，因此导致劳动人口的流失。而劳动力的集聚，特别是高技能、高知识的人才集聚，能够提升发达地区企业的生产技术水平，带动企业投入增长，并为消费者提供更为满意的产品和服务，实现产品和服务的最大增值。因此，密集的就业人口对于一个地区的企业发展十分重要，同时也会影响企业的空间分布和集聚。

浙江省属于经济发达地区，对于就业人口的吸引力大，具有很强的人口吸纳能力。每年都有大量的外来人口迁入浙江省，为在省内形成人口集聚提供了条件。企业的集聚最终还是要看人口的集聚，因此从就业人口的数量变化可以判断该产业的大致发展情况。港航后勤服务企业门类较多，搜集相关就业人口数据较为困难。因此，本研究以交通运输、仓储和邮政企业的从业人员为代表，来分析就业人口对港航后勤服务企业发展的影响。

如图 3-17 所示，2004~2014 年期间浙江省交通运输、仓储和邮政企业的就业人口数量整体呈上升趋势，由 2004 年的 23.05 万人增长至 2014 年的 31.18 万人，增幅达到 35.27%。虽然受金融危机的影响，2008 年、2009 年的交通运输、仓储和邮政企业就业人员数据有所下降，但从 2010 年之后，就业人数又进入了稳定的快速增长期，并保持了良好的上升势头。交通运输、仓储和邮政企业就业人员数据的变化，可以一定程度上说明近几年浙江省港航后勤服务企业对就业人员的需求正逐年增大，从业人口正在不断集聚。与此同时，也将对周边地区的人口形成较大的需求和吸引力。

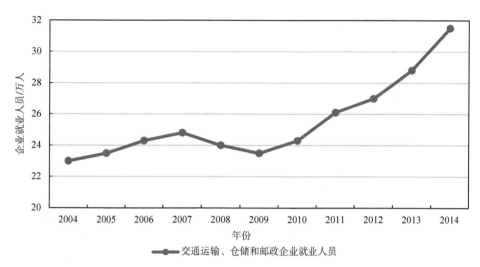

图 3-17　2004~2014 年浙江省交通运输、仓储和邮政企业的就业人员情况

数据资源来自于浙江省统计年鉴

（四）本地经济

"新"新经济地理学认为任何企业在选择区位时都会倾向于选择产业集聚的发达地区。因为一个地区的经济发展好，代表该地区拥有很好的消费市场，企业能够获得规模经济效益，从而从同类产业以及经济活动中获得市场份额和竞争力。所以地区经济的发展能够产生经济向心力，吸引企业进入该城市并不断追求空间上的集聚效应。

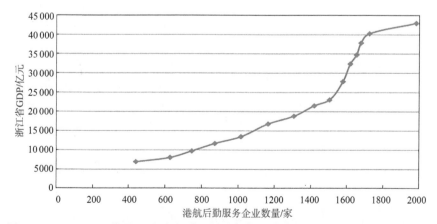

图 3-18　2001~2015 年浙江省主要港口城市港航后勤服务企业总量与 GDP 关系图

数据来源于浙江省统计年鉴

多年来，浙江省一直保持较快的经济发展水平，居民生活也较为富足。2016年，浙江全省的 GDP 已达 4.6 万亿元，位居全国第四。第三产业比重首次超过一半，达到 51.6%，产业结构日趋优化。2016 年，浙江省的城镇居民人均可支配收入达到 4.7 万元，连续 16 年位居全国各省份第一位。发达的本地经济，为浙江港口的发展提供了货源，也为港航后勤服务业的发展提供了资金和人才支持。与此同时，港口经济也早已成为浙江经济的重要增长点之一，为浙江省实施海洋经济战略和国家"一带一路"倡议贡献关键力量。将 2001~2015 年期间的浙江省 GDP 与浙江省主要港口城市港航后勤服务企业总量进行比照，分析两者的相关性。由图 3-18 可见，2001~2015 年期间，浙江省主要港口城市港航后勤服务企业总量与 GDP 之间呈现显著的正向关系。可见，本地经济的发展对港航后勤服务企业的发展和集聚具有显著的影响。

第四章　港航后勤服务要素与港口体系的
协同效应研究

　　当前，全球港口正处在向第四代港口转变的关键期，并逐渐向全球资源配置的供应链中心转型升级。随着港口在全球贸易中的地位日趋重要以及港口运输量的快速增长，运输物流、航运金融、港口信息等港航后勤服务要素逐渐在港口区域集聚，为港口的功能提升提供服务支持。港口企业间合作的加深，港航后勤服务业的壮大，推动了港口体系的发展，也促使港口与其腹地区域的联系更加紧密，形成有效的产业协同。然而，现有的粗放型经济发展模式造成的要素配置效率低下在一定程度上制约了区域的港口经济发展。因此，研究港航后勤服务要素与港口体系的协同效应问题具有极大的现实意义。通过从本质上厘清两者之间的关系，可以认识到要素配置的不足，从而找到提高两者协同发展质量的途径。

　　近年来，港航后勤服务要素与港口体系的相关研究正逐渐受到国内外学者的关注。但由于港航后勤服务业是一种新兴产业，所以目前国内外专家学者在该领域的探索仍不够深入，多偏重于港航后勤服务业的空间演变、影响机制、功能结构等，而在港航后勤服务要素与港口体系的协同效应方面研究甚少。希望通过本研究能够为长江三角洲地区及其他地区的港口体系转型发展提供可靠的科学依据，同时也希望能够进一步充实港航后勤服务研究领域的理论成果。

　　长江三角洲地区是我国港口运输最频繁的区域之一，区域内大型港口云集，也孕育了一大批成熟的港航后勤服务企业。本部分研究首先对长江三角洲地区各港口和港航后勤服务要素发展状况进行数据分析，了解该地区港口吞吐量的发展规模和主要城市港航后勤服务要素的结构现状，然后运用灰色关联分析法测算主要城市港航后勤服务要素与港口体系的协同关联度，以判定其协同关系，再引入 DEA 模型计算各城市港航后勤服务要素的投入产出效率，以判断港航后勤服务要素与港口体系的协同效率，最后针对研究结果提出优化建议。

本研究根据港航后勤服务业的定义及其性质，将港航后勤服务要素分为三大类：一是金融要素，二是信息技术要素，三是交通运输要素。为了使要素指标能够量化，选取金融业增加值（亿元）、发明专利授权数（件）和交通运输业增加值（亿元）来分别衡量金融要素、信息技术要素和交通运输要素的发展规模。本研究的相关数据主要来源分为两个部分，一是有关长江三角洲地区港航后勤服务要素的统计数据，主要来自江苏统计年鉴、浙江统计年鉴、上海统计年鉴以及相关的数据库等；二是有关浙江省各城市港航后勤服务要素的统计数据，主要来自浙江省人民政府金融办公室、浙江省交通运输厅、浙江省统计局等。

第一节　港航后勤服务要素与港口体系协同理论

一、协同理论

（一）协同效应理论

协同是指两个或两个以上对象相互配合，或一方协助另一方完成某件事，强调的是对象之间协助的关系。协同理论则是在协同定义的基础上，结合信息论、控制论、系统论等研究成果，科学地概括了各种不同系统之间的协同关系及相似性。著名物理学家 Haken 在早期发表的《协同学导论》中指出，协同理论涵盖了各类学科，其主要的特征是基于多个子系统之间通过相同的工作原理进行合作，而这一切与每个子系统的特征无关。即尽管每个系统属性以及所处的环境不同，但只要所处的环境为一个整体，各个系统之间就能够产生联动效应，既相互合作又相互影响。

协同理论的主要内容可根据性质分为三个方面：一是协同效应，二是伺服原理，三是自组织原理。本研究主要运用到的是协同理论中的协同效应理论。协同效应理论是指两个或两个以上子系统之间合作产生协同作用而形成的整体效应。复杂的社会系统中，大量的子系统间的相互协同作用，使整个系统由无序朝着有序发展，从而发挥协同效应，产生"1+1>2"的效果。早期协同效应理论多应用于不同阶段企业之间的管理、运营等不同环节。当企业之间合理有效地利用同一种资源时，能够使企业整体效益高于独立经营所产生的效益总和。

随着协同理论运用到越来越多的学科领域之中，大量的学者开始运用协同效应理论展开科学研究。其中哈佛大学教授 Kanter 甚至指出，协同效应是企业存在并长期生存下去的唯一途径。根据已有的研究成果，协同效应可以分为以下常见的三类：经营协同效应、管理协同效应和财务协同效应。本研究运用的协同效应属于经营协同效应，主要指企业通过相互合作，以提高整体收益，降低成本和市场风险，从而使经营活动产生最大的协同效应，实现规模效益。经营协同效应的内容主要包括规模经济效应、纵向一体化效应、市场力或垄断权、资源互补四个方面。

（二）协同关联度和协同效率

协同关联度是对多元化协同效应进行测度，以此比较多个系统之间的多元化协同效应的高低。协同关联度的高低，代表了系统从无序到有序的进化程度。如果多个系统之间协同关联度高，说明所研究的系统之间关联度高，相互影响的程度大。如果多个系统之间协同关联度低，说明所研究的系统之间关联度不高，对彼此工作配合度、协调度不够。通过进行协同关联度的计算分析，能够对多个子系统之间的关联程度进行排序，从而实现优先级判断。

协同效率是用于衡量两个或两个以上系统之间产生的协同效应的定量化指标，通常是建立各种模型对效率进行数据计算，然后通过计算结果进行比较分析。协同效率是判定协同效应大小的重要标准之一。如果多个系统之间的协同效率高，说明多个系统之间相互配合，产生的协同效应大。而多个系统之间的协同效率低，说明系统对于整体环境变化的反应比较迟缓，系统之间协同程度不高，容易导致层级僵化和运行效率低下。通过对协同效率进行计算和评价，往往可以较为明显地发现整个系统中所存在的"效率黑洞"。通过纵向对比不同系统的协同效率，也有利于快速找到两者之间的差距，从而改进和提高整体协同效率。

二、港航后勤服务要素与港口体系的内外协同效应分析

协同效应可分为外部协同和内部协同两种情况，外部协同指的是在一个整体环境中，多个子系统之间通过相互协助、配合共享资源和信息，从而使单个子系统获得双倍甚至更多的规模收益。内部协同指的是一个系统在运营、生产、装运等各个不同的环节上相互协作，共同努力实现更大的整体效应。

港航后勤服务要素与港口体系的内外协同效应关系具体如图 4-1 所示。

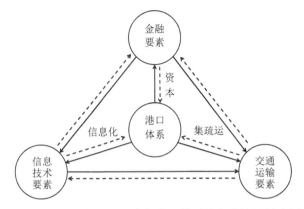

图 4-1　港航后勤服务要素与港口体系的内外协同效应图

（一）港航后勤服务要素与港口体系的外部协同

港口体系与港航后勤服务要素之间关系密切，相互影响，两者主要通过外部协同产生整体协同效应。

1. 港口体系与金融要素

港口从古至今一直是国家对外开放的"门户"，也是我国实现外向型经济的重要途径。港口产业创造了大量的就业机会，增加了国内生产总值。由于港口行业在跨国供应链中处于重要地位，因此其往往在沿海港口城市形成经济辐射圈，带动沿海港口城市经济和产业的快速发展，并吸引周边地区的其他产业在港口城市形成产业集聚。而产业的大量集聚又进一步为金融产业的发展提供了土壤，为金融要素的扩张提供了条件。同时，港口产业资本密集型的本质特征促使其对金融服务具有天然的内在需求。这就为城市的金融要素发展提供了良好的生存基础。从全球范围来看，著名的港口城市往往也是全球或地区的金融中心，拥有稳定的资本流量。这些金融资本集聚在分享港口经济红利的同时，也会带动港口产业的迅速扩张，提升港口的服务能力和货流量，从而形成对港口发展的反哺。

2. 港口体系与信息技术要素

近年来，随着港口功能的不断拓展，港口城市的产业也逐渐由资本密集型向知识技术密集型转型升级。沿海港口城市由于区位的便利性，其产业往往最早引入先进的信息技术，从而形成信息技术要素的集聚。这些信息技术要素的空间集聚，能够催生大量的新兴产业，并对就业劳动力市场产生巨大的需求，以此推动港口及港口城市规模的不断扩张。就港口本身而言，信息技术要素的发展也能够提升港口基础设施的信息化水平，以提升港口在装卸、运输以及其他增值服务领域的服务能力。由此可见，港口的发展和信息技术要素的发展是一个相伴相生、共同促进的过程。

3. 港口体系与交通运输要素

交通运输要素是港航后勤服务要素中与港口体系关系最为密切的要素。港口货物都是需要通过交通运输来实现腹地集疏运和港口间的运输。交通运输要素是港口与港口之间、港口与各腹地城市之间的"桥梁"，通过协调水、陆、空等运输方式，承担着港口与周边地区之间的集疏运功能。先进的港口设施设备和完备的港口体系，有助于提升交通运输要素的服务效率，而合理的交通运输要素配置也能够提升港口的通过能力。交通运输要素的流动，确保了港口的货物种类多样化和充足性，能够使腹地范围内的资源合理地被港口利用，为港口体系发展奠定必要的货源基础。在交通运输要素配置的过程中，不仅仅需要考虑到港口的货物吞吐需求，还需要考虑到港口所在城市的交通出行需求。因此，在港口体系的建设过程中，需要做到城市交通和港口运输之间的协调，实现可持续性的发展局面。

（二）港航后勤服务要素与港口体系的内部协同

港口体系的内部协同主要指港口的装卸、搬运、生产、运营、管理等之间的相互协同。基础设施与设备之间相互配合，有利于提高港口整体工作效率；将多元化货物种类分优先级，能够缩短装卸、搬运的时间；统筹整个港口发展规划，优化港口的空间以及功能布局，能够促进港口一体化、协同化发展。

港航后勤服务要素之间的内部协同主要指金融要素、信息技术要素、交通运输要素等要素之间的相互协作。金融要素为信息技术要素与交通运输要素的发展提供资金支持；信息技术要素可以提升金融要素和交通运输要素的服务能级；交通运输要素能够便利金融要素和信息技术要素的流动。

第二节　长江三角洲地区港口和港航后勤服务要素发展现状

一、长江三角洲地区港口吞吐量现状

　　长江三角洲地区位于沿海经济带和长江经济带的交汇处，是以上海都市圈为核心，浙江省、江苏省为两翼共同发展的区域，拥有得天独厚的地理优势以及良好的综合基础设施。随着"21世纪海上丝绸之路"政策的持续发酵，长江三角洲地区港口的货物吞吐量继续保持着快速的增长，港口已经成为该地区城市经济建设的重要基石。长江三角洲地区港口群包括上海港、宁波舟山港、苏州港、连云港港、南京港等两省一市的所有港口，已形成"一体两翼"的港口发展布局，其在区域港口格局中的地位日益显著。

　　2016年，长江三角洲地区共完成水路货运量31.68亿t，占我国水路总货运量的49.8%，同比增长了2.7%。同年，长江三角洲地区各港口共完成港口货物吞吐总量41.74亿t，同比增长4.32%，占全国港口货物吞吐总量的35.2%。上海港口货物吞吐量完成7.02亿t，同比降低2.18%。浙江省港口货物吞吐量完成12.28亿t，同比增加4.15%。其中，宁波舟山港货物吞吐量突破9亿t，连续8年位于全球港口货物吞吐量排名第一位，成为首个突破"9亿t"大关的港口。江苏省港口货物吞吐量完成18.69亿t，同比增加4.88%。2016年，长江三角洲地区各港口完成港口集装箱吞吐总量7808万TEU，占全国集装箱吞吐量的35.8%，同比增长2.88%。上海集装箱吞吐量完成3713万TEU，同比增加1.63%，位于世界第一。浙江省集装箱吞吐量完成2383万TEU，同比增加4.73%。江苏省集装箱吞吐量完成1605万TEU，同比增加2.1%。2016年长江三角洲地区港口货物吞吐量具体情况见图4-2。

　　综上所述，长江三角洲地区各港口的成果令人瞩目，上海市、浙江省、江苏省的港口各具优势，整个地区保持着良好的发展态势。但就目前港口现状而言，依然存在货源同质化、竞争无序、要素配置效率不足等问题，亟须采取有效的措施，提升区域港口的一体化水平，以使长江三角洲地区港口群充分发挥集群效应，提升港口的国际竞争力。

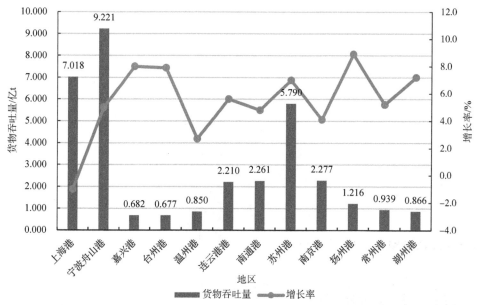

图 4-2 2016 年长江三角洲地区港口货物吞吐量及增长率图

二、长江三角洲地区及浙江省主要城市港航后勤服务要素结构现状

本研究以长江三角洲地区港口货物吞吐量排名前五的上海、宁波、苏州、南京、南通五个港口城市为研究对象，分析长江三角洲地区港航后勤服务要素规模的基本现状。以杭州、宁波、温州、台州、绍兴、嘉兴、金华七个宁波舟山港主要腹地城市为研究对象，分析浙江省主要城市港航后勤服务要素规模的发展状况。

（一）长江三角洲地区主要港口城市港航后勤服务要素结构现状

总体来看，2016 年长江三角洲地区港航后勤服务要素存在明显的集聚特征。首先是金融要素方面。2016 年，上海金融要素值达到 4762.5 亿元，约占五个主要港口城市总和的 58%。由此可见，上海金融要素对于长江三角洲地区总体金融要素发展拥有较大的贡献率，起到了举足轻重的作用。目前，上海金融要素相对于其他城市已取得较快的发展，成为拉动长江三角洲地区经济发展的主体金融力量。上海的金融市场交易量已经逐渐居于世界前列，国际金融中心雏形渐成。苏州和南京的金融要素增加值分别排名第二和第三，两者之间差距不大，约为上海金融要素的 1/3。宁波位于第四，金融要素增加值仅有上海的 1/8。南通金融要素增加值最低，排名最后。2016 年长江三角洲地区主要港口城市的金融要素占比情况见图 4-3。

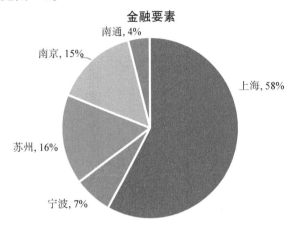

图 4-3 2016 年长江三角洲地区各城市金融要素占比图

其次是信息技术要素方面。总体来看信息技术要素的城市排名与金融要素排名相一致。上海信息技术要素在五个城市中依然占据最大的份额，接近 41%。这表明上海在信息技术领域，依然在长江三角洲地区居于领先地位。苏州和南京则仍旧排名第二和第三，但可以发现苏州在信息技术要素领域已和南京拉开了一定的差距。可见，苏州在发展信息技术方面的成绩更为显著。宁波和南通依然排名第四和第五，但与金融要素相比，占比略有提高。2016 年长江三角洲地区主要港口城市的信息技术要素占比情况见图 4-4。

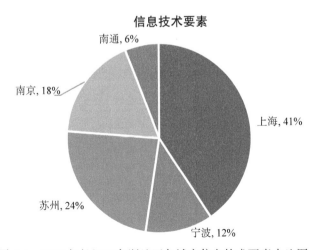

图 4-4 2016 年长江三角洲地区各城市信息技术要素占比图

在交通运输要素方面，各城市的排名状况有了略微的变化。2016 年，上海的交通运输要素增加值占比为 41%，依然保持了较大的优势，和信息技术要素的比例基本相近，显示了强大的物流核心地位。苏州受益于良好的区域区位优势，有效地承接了上海的经济外溢红利，在交通运输领域依然保持了第二的位置。宁波依托于强大的港口物流建设，在该领域实现了对南京的超越，排名第三。而南京和南通相继排名第四、第五。2016 年长江三角洲地区主要港口城市的交通运输要素占比情况见图 4-5。

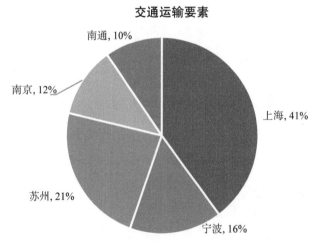

图 4-5　2016 年长江三角洲地区各城市交通运输要素占比图

通过比较不同城市的三类港航后勤服务要素发展现状可以发现，在长江三角洲地区城市综合排名中，基本遵循了上海、苏州、南京、宁波、南通的顺序。而同时，可以明显发现上海港航后勤服务要素在五个城市中具有明显的数据优势，也体现了上海在长江三角洲城市群中的核心地位。

（二）浙江省主要城市港航后勤服务要素结构现状

2016 年,浙江省主要城市的港航后勤服务要素发展规模存在显著的差异性。在金融要素方面，2016 年浙江省七个主要城市的金融要素值总和超过 3000 亿元。其中，杭州的金融要素优势明显，数值占总和的 33%，位居第一。这一数据在长江三角洲地区中仅次于上海。宁波的金融要素值稳居第二，远高于之后的城市，但和杭州的差距也较为显著。除此之外的其他城市金融要素值均较为接近，排名依次为金华、台州、温州、绍兴、嘉兴。这七个城市的金融要素规模状况从一定程度上也反映了这些城市的经济发展现状和在省内的经济地位。2016 年浙江省主要城市的金融要素占比情况见图 4-6。

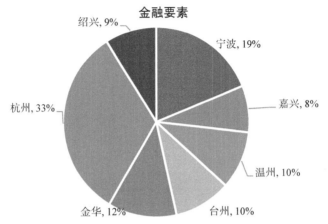

图 4-6　2016 年浙江省主要城市的金融要素占比图

在信息技术要素方面，杭州的信息技术要素值在七个城市中依然保持第一位，占总数的 38%。排名第二的还是宁波，约为总和的 1/4。宁波的信息技术要素占比与杭州之间的差距和金融要素的差异状况基本一致，大致体现了两个城市的发展差距。而两者在信息技术要素领域的总和要高于金融要素在七个城市中的比例，表明信息技术要素的集中度更高。之后的城市排序依次为温州、绍兴、嘉兴、台州、金华，这与金融要素的排序差异较大，也反映了不同城市的发展侧重有所不同。2016 年浙江省主要城市的信息技术要素占比情况见图 4-7。

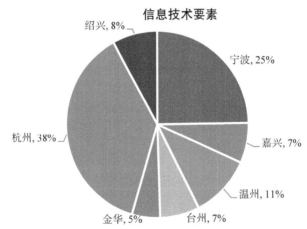

图 4-7　2016 年浙江省主要城市的信息技术要素占比图

在交通运输要素方面，2016年宁波交通运输要素值以374亿元位居七个主要城市之首，占总数的29%左右。受益于港口物流的快速发展和物流节点城市建设的持续推进，宁波的交通运输基础设施得到持续地改善，物流量一直保持较快增长。杭州以较小的差距排名第二，可见其并未因缺少港口而在交通运输领域落后太多，综合实力相当可观。之后的排名顺序依次为温州、台州、嘉兴、金华、绍兴，可以看出排名靠前的城市多为港口城市，港口的发展为其带来了较大的运输发展空间。2016年浙江省主要城市的交通运输要素占比情况见图4-8。

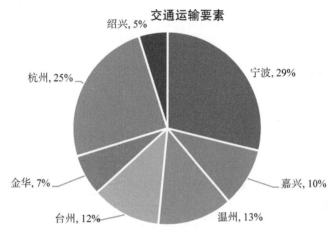

图4-8　2016年浙江省主要城市的交通运输要素占比图

综上所述，浙江省七个主要城市的港航后勤服务要素总体呈现较为明显的双中心集聚现象。在金融要素和信息技术要素领域，杭州占据了第一位，宁波次之。而在交通运输要素领域，宁波位居第一，杭州紧随其后。这一状况大致体现了杭州和宁波两个副省级城市在浙江省经济发展中的重要地位。与浙江省着力打造的杭州都市圈和宁波都市圈战略相吻合。

第三节　基于灰色关联分析法的协同关联度分析

本研究采用灰色关联分析法探讨了港航后勤服务要素与港口体系两者之间的关联度，以比较分析不同城市港航后勤服务要素与港口间的协同关系。课题组收集了长江三角洲地区，特别是浙江省内主要城市的相关数据。长江三角洲地区的总体数据来自于上海、宁波、苏州、南京、南通等主要港口城市的加总，浙江地区的总体数据来自于杭州、宁波、嘉兴、温州、台州、金华和绍兴等城市的加总。

一、灰色关联分析法

灰色关联分析法是通过数值计算寻找各指标因素之间的数值关系的一种分析方式。通过将动态过程量化，可以比较各因素的影响程度大小，从而确定两者之间或多者之间的关联程度。灰色关联分析法的具体计算步骤如下。

1. 指标体系构建

首先选择数据，并根据评价的目标构建评价指标体系。然后建立数据序列，确定参考数据列。参考数据列是一个较为理想化的指标，一般取数据序列中最大值或最优值构成参考数据列。

2. 无量纲化处理

从变量之间的发展趋势以及变量变化率的差异角度，来对序列之间的潜在相关程度进行全面分析。通过无量纲化将原始数据转换成可以比较的数据序列。本研究采用的消除量纲方法为极差化法。具体的计算公式为

$$X_i(k) = X_{初i}(k) / X_{初i}(1) \qquad (4\text{-}1)$$

式中，$k = 1, 2, \cdots, m$，m 为年份数；$i = 1, 2, \cdots, n$，n 为评价指标的个数。

3. 求绝对值序列和最大最小差

对每个评价指标序列和参考指标序列对应的元素绝对值进行逐一计算。即

$$\left| X_0(k_0) - X_i(k) \right| \qquad (4\text{-}2)$$

根据公式（4-2）确定的绝对值，计算两极最大差和最小差，公式分别为

$$\min_{i=1}^{n} \min_{k=1}^{m} \left| X_0(k) - X_i(k) \right| \qquad (4\text{-}3)$$

$$\max_{i=1}^{n} \max_{k=1}^{m} \left| X_0(k) - X_i(k) \right| \qquad (4\text{-}4)$$

4. 计算灰色关联系数

$$U_i(k) = \frac{\min \min \left| X_0(k) - X_i(k) \right| + \rho \max \max \left| X_0(k) - X_i(k) \right|}{\left| X_0(k) - X_i(k) \right| + \rho \max \max \left| X_0(k) - X_i(k) \right|} \quad (k = 1, 2, \cdots, m) \quad (4\text{-}5)$$

式中，ρ 为分辨系数，在（0，1）内取值，若 ρ 越小，则两者的关联系数之间差异越大，区分能力越强，本书 ρ 取值为 0.5。$U_i(k)$ 代表港航后勤服务要素与各港口指标之间的关联程度。

5. 计算灰色关联度

分别计算港航后勤服务要素指标与港口参考序列对应元素的关联系数均值，以此反映彼此之间的关联关系。其计算公式为

$$R_i = \frac{1}{m}\sum_{k=1}^{m} U_i(k) \tag{4-6}$$

式中，$0 < R_i < 1$，当 R_i 趋于 1 时，表明比较序列和参考序列之间的关联度越高，两者之间的关系越强；当 R_i 趋于 0 时，表明比较序列和参考序列之间的关联度越低，两者之间的关系越弱。

二、长江三角洲地区主要港口城市港航后勤服务要素与港口体系协同关联度的灰色关联分析

本研究选取港口货物吞吐量 Y_1（万 t）为港口指标，选取金融要素 X_1（亿元）、信息技术要素 X_2（件）、交通运输要素 X_3（亿元）为港航后勤服务要素指标。2000~2016 年期间长江三角洲地区主要港口城市港口和港航后勤服务要素发展各项指标的相关统计数据如表 4-1 所示。

表 4-1 **2000~2016 年长江三角洲地区主要港口城市港口和港航后勤服务要素发展统计数据**

年份	Y_1	X_1	X_2	X_3	年份	Y_1	X_1	X_2	X_3
2000	49 588	826	734	539	2009	138 273	2963	10 099	1375
2001	52 489	769	727	602	2010	160 203	3486	12 227	1729
2002	61 234	762	905	697	2011	178 441	4227	17 237	2030
2003	74 067	1013	1566	780	2012	208 922	4668	22 908	2112
2004	91 216	1040	2502	1120	2013	235 273	5385	22 778	2220
2005	105 954	1127	2955	1161	2014	246 154	6160	25 907	2423
2006	118 135	1384	3823	1120	2015	250 263	7303	43 986	2243
2007	130 159	2062	4914	1227	2016	263 180	8268	49 177	2295
2008	136 055	2387	7027	1334					

根据公式（4-1），以极差化的方法将指标数据进行无量纲化处理，得出如表 4-2 所示的结果。以港口货物吞吐量 Y_1 为参考序列，即确定参考数据列 X_0={1，1.05，1.23，1.49，1.83，2.13，2.38，2.62，2.74，2.78，3.23，3.59，4.21，4.74，4.96，5.04，5.30}。根据公式（4-2）求出各个比较序列的绝对差，计算得出结果如表 4-3 所示。根据公式（4-5），ρ 取值为 0.5，计算港口指标和各港航后勤服务要素指标之间的关联系数，具体结果如表 4-4 所示。

表 4-2　数据无量纲化结果表

年份	Y_1	X_1	X_2	X_3	年份	Y_1	X_1	X_2	X_3
2000	1	1	1	1	2009	2.78	3.58	13.75	2.54
2001	1.05	0.93	0.99	1.11	2010	3.23	4.22	16.65	3.20
2002	1.23	0.92	1.23	1.29	2011	3.59	5.11	23.48	3.76
2003	1.49	1.22	2.13	1.44	2012	4.21	5.65	31.20	3.91
2004	1.83	1.25	3.40	2.07	2013	4.74	6.51	31.03	4.11
2005	2.13	1.36	4.02	2.15	2014	4.96	7.45	35.29	4.49
2006	2.38	1.67	5.20	2.07	2015	5.04	8.84	59.92	4.15
2007	2.62	2.49	6.69	2.27	2016	5.30	10.00	67.00	4.25
2008	2.74	2.89	9.57	2.47					

表 4-3　数据绝对差结果表

年份	X_1	X_2	X_3	年份	X_1	X_2	X_3
2000	0	0	0	2009	0.79	10.97	0.23
2001	0.12	0.06	0.05	2010	0.99	13.42	0.02
2002	0.31	0.00	0.05	2011	1.51	19.88	0.16
2003	0.26	0.63	0.04	2012	1.43	26.99	0.29
2004	0.57	1.56	0.23	2013	1.77	26.28	0.62
2005	0.77	1.88	0.01	2014	2.49	30.33	0.47
2006	0.70	2.82	0.30	2015	3.79	54.87	0.88
2007	0.12	4.07	0.34	2016	4.70	61.69	1.05
2008	0.14	6.82	0.26				

表 4-4 关联系数结果表

年份	X_1	X_2	X_3	年份	X_1	X_2	X_3
2000	1	1	1	2009	0.97	0.73	0.99
2001	0.99	0.99	0.99	2010	0.96	0.69	0.99
2002	0.99	0.99	0.99	2011	0.95	0.60	0.99
2003	0.99	0.97	0.99	2012	0.95	0.53	0.99
2004	0.98	0.95	0.99	2013	0.94	0.53	0.98
2005	0.97	0.94	0.99	2014	0.92	0.50	0.98
2006	0.97	0.91	0.99	2015	0.89	0.35	0.97
2007	0.99	0.88	0.98	2016	0.86	0.33	0.96
2008	0.99	0.81	0.99				

最后根据公式（4-6），计算得到各城市港航后勤服务要素相关指标与港口间的协同关联度，结果如表 4-5 所示。

表 4-5 协同关联度计算结果

服务要素相关指标	X_1	X_2	X_3
协同关联度	0.96	0.75	0.99

根据表 4-5 的协同关联度计算结果可知，长江三角洲地区主要港口城市港航后勤服务要素与港口体系的协同关联度顺序为：交通运输要素 X_3>金融要素 X_1>信息技术要素 X_2。

由以上顺序可以发现长江三角洲地区主要港口城市的交通运输要素与港口体系的协同关联度最高，达到 0.99，排名第一。这表明长江三角洲地区主要港口城市的港口发展与交通运输要素具有极强的关联性，两者的协同关系非常紧密。就长江三角洲地区的交通运输条件来看，该地区的河网密度很大，水路运输发展具有极大的优势。同时，该地区也拥有较为发达的路网，公路里程达 26.04 万 km，占全国公路总数的 6.97%，其中高速公路里程有 7343km，占全国总数的 12.33%。这为港口的集疏运发展提供了良好的硬件保障。其次，长江三角洲地区主要港口城市的金融要素与港口体系的协同关联度也相当高，达到 0.96，排名第二。这反映出该地区金融要素对港口货物吞吐量增长的支撑作用也十分明显，两者的协同关系较为密切。而在信息技术要素方面，其与港口体系间的协同关联度则相对较弱，仅为 0.75。这一数据与交通运输要素、金融要素的数据相差较大，说明该地区的信息技术要素与港口体系间的协同关联度相对并不理想，信息技术对港口的支撑还不够。

总体而言，2000~2016 年期间，长江三角洲地区主要港口城市各项港航后勤服务要素指标与港口体系间的协同关联度均大于 0.5，其中交通运输要素和金融要素的协同关联度基本都在 0.95 以上，表明长江三角洲地区主要港口城市的港航后勤服务要素与港口体系间的协同关系已经处于较为理想的状态。

三、浙江省主要城市港航后勤服务要素与港口体系协同关联度的灰色关联分析

2000~2016 年期间浙江省主要城市港口和港航后勤服务要素发展各项指标的相关统计数据如表 4-6 所示。对原始数据矩阵进行无量纲化处理，得出结果如表 4-7 所示。以港口货物吞吐量 Y_1 为参考序列，即确定参考数据列 X_0={1, 1.11，1.33，1.60，1.95，2.32，2.68，2.98，3.13，3.32，3.56，3.75，5.91，7.01，7.56，7.69，7.94}。根据公式（4-2）求出各比较序列的绝对差，计算得出的结果如表 4-8 所示。ρ 依旧取 0.5，根据公式（4-5）计算参考序列和各比较序列之间的关联系数，具体结果如表 4-9 所示。

表 4-6　2000~2016 年浙江省港口和港航后勤服务要素发展统计数据

年份	Y_1	X_1	X_2	X_3	年份	Y_1	X_1	X_2	X_3
2000	11 547	216	196	357	2009	38 385	1599	4625	697
2001	12 852	255	193	389	2010	41 217	1936	6067	781
2002	15 398	307	188	448	2011	43 339	2287	8524	881
2003	18 543	455	382	512	2012	68 348	2420	10 668	972
2004	22 586	550	742	547	2013	81 000	2679	10 185	1030
2005	26 881	622	1074	462	2014	87 300	2716	12 079	1168
2006	30 969	798	1368	522	2015	88 896	2963	20 619	1377
2007	34 519	1014	2126	595	2016	91 777	3019	22 822	1625
2008	36 185	1319	3145	677					

表 4-7　数据无量纲化结果表

年份	Y_1	X_1	X_2	X_3	年份	Y_1	X_1	X_2	X_3
2000	1	1	1	1	2009	3.32	7.40	23.59	1.94
2001	1.11	1.18	0.98	1.09	2010	3.56	8.96	30.95	2.18
2002	1.33	1.42	0.95	1.25	2011	3.75	10.58	43.48	2.46
2003	1.60	2.10	1.94	1.43	2012	5.91	11.20	54.42	2.71
2004	1.95	2.54	3.78	1.53	2013	7.01	12.40	51.96	2.88
2005	2.32	2.88	5.47	1.29	2014	7.56	12.57	61.62	3.26
2006	2.68	3.69	6.97	1.46	2015	7.69	13.72	105.19	3.85
2007	2.98	4.69	10.84	1.66	2016	7.94	13.97	116.43	4.54
2008	3.13	6.10	16.04	1.89					

表 4-8 数据绝对差结果表

年份	X_1	X_2	X_3	年份	X_1	X_2	X_3
2000	0	0	0	2009	4.07	20.27	1.37
2001	0.07	0.12	0.02	2010	5.39	27.38	1.38
2002	0.08	0.37	0.07	2011	6.83	39.73	1.28
2003	0.50	0.34	0.17	2012	5.28	48.50	3.19
2004	0.59	1.82	0.42	2013	5.38	44.94	4.13
2005	0.55	3.15	1.03	2014	5.01	54.06	4.29
2006	1.01	4.29	1.22	2015	6.02	97.50	3.84
2007	1.70	7.85	1.32	2016	6.02	108.49	3.40
2008	2.97	12.91	1.24				

表 4-9 关联系数结果表

年份	X_1	X_2	X_3	年份	X_1	X_2	X_3
2000	1	1	1	2009	0.93	0.72	0.97
2001	0.99	0.99	0.99	2010	0.90	0.66	0.97
2002	0.99	0.99	0.99	2011	0.88	0.57	0.97
2003	0.99	0.99	0.99	2012	0.91	0.52	0.94
2004	0.98	0.96	0.99	2013	0.90	0.54	0.92
2005	0.98	0.94	0.98	2014	0.91	0.50	0.92
2006	0.98	0.92	0.97	2015	0.90	0.35	0.93
2007	0.96	0.87	0.97	2016	0.90	0.33	0.94
2008	0.94	0.80	0.97				

最后根据公式（4-6），计算得到港口和港航后勤服务要素发展相关指标的灰色关联度，结果如表 4-10 所示。

表 4-10 关联度计算结果

服务要素相关指标	X_1	X_2	X_3
协同关联度	0.94	0.74	0.97

根据表 4-10 的协同关联度计算结果可知，浙江省主要城市港航后勤服务要素与港口的协同关联度顺序依次为：交通运输要素 X_3>金融要素 X_1>信息技术要素 X_2。这与长江三角洲地区港口城市港航后勤服务要素与港口体系的协同关联度顺序相一致，说明这一关系具有一定的普遍性。

其中，浙江省主要城市的交通运输要素与港口体系协同关联度最高，达到0.97，居第一位。表明良好的交通条件和集疏运网络能够极大地推动港口体系的发展，增进两者之间的协同关系。而浙江省主要城市的金融要素与港口体系协同关联度为 0.94，也处于较高的水平。这说明浙江省港口体系的发展一定程度上也得到了金融要素的支撑，两者的发展相辅相成，相互促进。另外，信息技术要素与港口体系的协同关联度相对较低，仅有 0.74。这一计算数值与长江三角洲地区主要港口城市的数值较为接近，表明信息技术在港口体系中的作用相对较弱，两者的协同关系有待加强。

综上可见，浙江省主要城市的港航后勤服务要素与港口体系协同关联度基本延续了长江三角洲地区主要港口城市的状况，这也进一步验证了两者之间的协同关联关系。

第四节　基于 DEA 模型的协同效率分析

通过灰色关联分析法对长江三角洲地区主要城市港航后勤服务要素与港口体系关联度进行研究，结果表明以金融要素、信息技术要素和交通运输要素为代表的港航后勤服务要素与港口体系之间的拟合度良好，三个要素共同作用对港口体系的发展形成显著影响。为了进一步探讨如何有效利用港航后勤服务要素，提高要素与港口体系间的投入产出效率，本部分研究基于 DEA 模型，以金融要素、信息技术要素和交通运输要素为主要投入指标分析长江三角洲地区主要港口城市港航后勤服务要素与港口体系间的协同效率。

一、DEA 模型概述

1978 年，Charnes 等三位运筹学家首次提出了 DEA（data envelopment analysis），即数据包络分析。DEA 分析法是根据一组或多组输入-输出的指标评价部门间相对有效性的一种方法。国内外文献中，基于 DEA 模型对港口效率进行评价的研究已较为成熟，但是从港航后勤服务要素视角进行的投入产出效率分析还较为鲜见。因此，本研究选用 DEA 模型中的 C^2R 模型对 2016 年长江三角洲地区的上海、宁波、苏州、南京、南通五个主要港口城市港航后勤服务要素投入产出效率进行了评价分析，在此基础上，进一步分析了2001~2016 年间这五个城市各自的投入产出情况，以完整揭示这些城市的港航后勤服务要素与港口体系的协同效率状况，并提出有针对性的要素配置优化与发展的相关建议。

C^2R 模型是 DEA 模型中应用较为广泛的一种模型，用于对评价对象的规模有效性和技术有效性进行分析，一般也称为输入的效率评价模型。本研究在传统 C^2R 模型中引入 S^+ 和 S^- 松弛变量以及非阿基米德无穷小量，对于某个选定的 j_0 决策单元（decision making units，DMU），其有效性模型公式如下：

$$(D)C^2R \begin{cases} \min\left[\theta - \varepsilon\left(\hat{e}^{\mathrm{T}}S^- + e^{\mathrm{T}}S^+\right)\right] \\[2mm] \text{s.t.}\sum_{j=1}^{n}\lambda_j X_j + S^- = \theta X_{j_0} \\[2mm] \sum_{j=1}^{n}\lambda_j Y_j - S^+ = Y_{j_0} \\[2mm] \lambda_j \geqslant 0; j = 1,2,\cdots,n \\[2mm] S^- \geqslant 0; S^+ \geqslant 0 \end{cases} \qquad (4\text{-}7)$$

式中，$X_j = (x_{1j}, x_{2j}, \cdots, x_{mj})^{\mathrm{T}} > 0$，代表第 j_0 个决策单元的投入变量；$Y_j = (y_{1j}, y_{2j}, \cdots, y_{mj})^{\mathrm{T}} > 0$，代表第 j_0 个决策单元的产出变量；S^+ 和 S^- 表示松弛变量；ε 表示非阿基米德无穷小量，通常取值 $10^{-6} \sim 10^{-3}$；λ_j 代表第 j_0 个决策单元各投入产出的数量组合比例；θ 表示待估参数。

C^2R 模型主要有以下几个结论：

（1）当 $\theta = 1$，且 S^+，S^- 不全为 0 时，DMU 为弱 DEA 有效，此时总体效率有效。

（2）当 $\theta = 1$，且 $S^+ = 0$，$S^- = 0$ 时，DMU 为 DEA 总体有效，此时技术和规模均有效。

（3）反之，当 $\theta < 1$ 时，且 $S^+ \neq 0$，$S^- \neq 0$ 时，DEA 总体无效。

（4）当 $\frac{1}{\theta}\sum_{j=1}^{n}\lambda_j = 1$ 时，DEA 总体规模效益不变；当 $\frac{1}{\theta}\sum_{j=1}^{n}\lambda_j < 1$ 时，DEA 总体规模效益递增；当 $\frac{1}{\theta}\sum_{j=1}^{n}\lambda_j > 1$ 时，DEA 总体规模效益递减。

二、长江三角洲地区主要港口城市要素投入产出效率分析

本研究的 DEA 模型将金融要素 X_1（亿元）、信息技术要素 X_2（件）、交通运输要素 X_3（亿元）设为投入指标，将港口货物吞吐量 Y_1（万 t）和港口集

装箱吞吐量 Y_2（万 TEU）设为产出指标。2016 年长江三角洲地区主要港口城市港航后勤服务要素投入指标和港口产出指标的相关统计数据如表 4-11 所示。根据 C^2R 模型计算得出的投入产出结果如表 4-12 所示。

表 4-11　长江三角洲地区主要港口城市要素投入产出指标表

地区	投入指标			产出指标	
	X_1/亿元	X_2/件	X_3/亿元	Y_1/万 t	Y_1/万 TEU
上海	4763	20 086	944	70 005	3653
宁波	678	5669	405	91 777	2177
苏州	1330	12 000	478	57 376	540
南京	1242	8697	462	21 692	310
南通	238	2725	229	22 330	82

表 4-12　长江三角洲地区主要港口城市要素投入产出 DEA 结果

地区	综合效率	纯技术效率	纯规模效率	规模效益
上海	0.719	1.000	0.719	递减
宁波	1.000	1.000	1.000	不变
苏州	0.530	0.625	0.847	递减
南京	0.207	0.236	0.877	递减
南通	0.693	1.000	0.693	递增
平均	0.630	0.772	0.827	

由表 4-12 可知，长江三角洲地区主要港口城市的港航后勤服务要素与港口体系的协同效率具有较大差异性。其中，只有宁波显示 DEA 总体有效，说明宁波的港航后勤服务要素配置达到了最佳的组合，即交通运输要素、金融要素和信息技术要素有效地服务于宁波港口。因此，宁波的港航后勤服务要素与港口体系协同效率最佳。上海和南通是除宁波以外纯技术有效的地区，这表明上海和南通地区的港航后勤服务要素在技术效率方面处于最佳状态。当资源要素投入量固定不变时，港口生产活动能够获得最大的产出量。而上海在规模效率方面优于南通，因而总体上来看，上海的港航后勤服务要素与港口体系协同效率更高。苏州和南京则是 DEA 总体无效的地区，表明其港航后勤服务要素与港口体系的协同效率较差。比较苏州和南京的 DEA 分析数据可发现，两个城市的纯

规模效率都较好，甚至优于上海、南通。但在纯技术效率方面则存在较大问题，南京在技术要素配置效率方面尤为薄弱。

同时，从表 4-12 也可发现，只有南通规模经济递增，说明相应增加一定比例的港口资源投入，会给港口带来更大的吞吐量产出。而上海、苏州、南京规模经济递减，说明其港口的规模已经出现饱和现象或是要素配置效率低下的情况，需要调整发展策略。

表 4-13　长江三角洲地区主要港口城市要素投入冗余和不足结果

地区	港口投入冗余额			港口产出不足额	
	X_1/亿元	X_2/件	X_3/亿元	Y_1/万 t	Y_1/万 TEU
上海	0.000	0.000	0.000	0.000	0.000
宁波	0.000	0.000	0.000	0.000	0.000
苏州	652.000	6331.000	73.000	0.000	1313.232
南京	564.000	3028.000	57.000	0.000	865.416
南通	0.000	0.000	0.000	0.000	0.000
平均	243.200	1871.800	26.000	0.000	435.730

由表 4-13 可以看出，2016 年长江三角洲地区主要港口城市的港航后勤服务要素投入指标中，苏州和南京存在不同程度的投入冗余和产出不足问题。其中，苏州的交通运输要素冗余额为 73 亿元，金融要素冗余额为 652 亿元，信息技术要素冗余额为 6331 件，港口集装箱吞吐量不足额为 1313.232 万 TEU。南京的交通运输要素冗余额为 57 亿元，金融要素冗余额为 564 亿元，信息技术要素冗余额为 3028 件，港口集装箱吞吐量不足额为 865.416 万 TEU。因此，这两个港口需要通过降低港航后勤服务要素投入冗余，提高港口集装箱吞吐量产出，以改善港航后勤服务要素与港口体系的协同效率。

为了进一步了解长江三角洲地区各城市港航后勤服务要素与港口体系间的协同效率情况，分别对各城市港航后勤服务要素与港口体系在 2001~2016 年间的投入产出情况做了 DEA 模型分析。

1. 上海港航后勤服务要素与港口体系的协同效率分析

如表 4-14 所示，2001~2016 年期间，上海港航后勤服务要素与港口体系的协同效率差异性不大，港航后勤服务要素投入产出效率总体上是较好的，要素的投入产出比例较为合理。

表 4-14 上海港航后勤服务要素的 DEA 分析结果

年份	综合效率	技术效率	规模效率	规模效益	年份	综合效率	技术效率	规模效率	规模效益
2001	1.000	1.000	1.000	不变	2010	0.917	0.972	0.943	递增
2002	1.000	1.000	1.000	不变	2011	0.911	1.000	0.911	递减
2003	1.000	1.000	1.000	不变	2012	0.930	1.000	0.930	递减
2004	0.971	0.987	0.984	递增	2013	0.921	1.000	0.921	递增
2005	1.000	1.000	1.000	不变	2014	0.839	1.000	0.839	递增
2006	1.000	1.000	1.000	不变	2015	1.000	1.000	1.000	不变
2007	1.000	1.000	1.000	不变	2016	0.964	1.000	0.964	递减
2008	0.991	1.000	0.991	递减	平均	0.957	0.996	0.960	
2009	1.000	1.000	1.000	不变					

其中，2001 年、2002 年、2003 年、2005 年、2006 年、2007 年、2009 年以及 2015 年的数据均显示为 DEA 总体有效。这表明在上述八个年份内，上海港航后勤服务要素的配置效果达到最佳，与港口的协同效率较好，港口投入产出量较为合理。合理的港航后勤服务要素配置及其与港口的长期高效协同发展，促成了上海港的稳健成长，并长期保持港口集装箱吞吐量的世界第一和港口货物吞吐量的全球领先位置。除此之外剩余的八个年份内，上海港航后勤服务要素与港口体系的协同效率均显示 DEA 总体无效，这表明在这些年份里，港航后勤服务要素与港口体系的协同存在不足。其中，2008 年、2011~2014 年以及 2016 年，上海港航后勤服务要素与港口体系间的协同效率显示为纯技术效率有效，纯规模效率无效。这表明在此期间，上海港航后勤服务要素与港口体系间的规模效率存在不合理的地方，需要优化。而在 2004 年和 2010 年，纯技术效率和纯规模效率的数据均显示为无效，说明这两个年份的协同效率问题较大。不过，从数值上看，这两个年份的 DEA 分析数值均大于 0.9，因此，港航后勤服务要素与港口体系的协同效率并不是特别严重。

同时也可以发现，上海在 2004 年、2010 年、2013 年以及 2014 年规模效益处于递增，说明这四个年份的港航后勤服务要素投入与港口产出比例没有达到最佳，港航后勤服务要素投入的不足限制了吞吐量产出。而在 2008 年、2011 年、2012 年和 2016 年规模效益处于递减，说明在这四个年份的港航后勤服务要素投入已经出现饱和现象。综上所述，随着洋山港港口的不断扩建完善，以及上海在金融要素、交通运输要素和信息技术要素方面的不断发展，港航后勤服务要素与港口体系间的协同效率相对稳定，但也有起伏，需要合理规划配置港航后勤服务要素，提升其与港口体系的协同效率稳定性，以为上海港带来更大的港口产出。

2. 宁波港航后勤服务要素与港口体系的协同效率分析

如表 4-15 所示，2001~2016 年期间，宁波港航后勤服务要素与港口体系的协同效率也较为稳定，港航后勤服务要素投入和港口产出比例基本合理，与上海相比略显不足。

表 4-15 宁波港航后勤服务要素的 DEA 分析结果

年份	综合效率	技术效率	规模效率	规模效益	年份	综合效率	技术效率	规模效率	规模效益
2001	0.790	1.000	0.790	递减	2010	1.000	1.000	1.000	不变
2002	1.000	1.000	1.000	不变	2011	1.000	1.000	1.000	不变
2003	1.000	1.000	1.000	不变	2012	0.918	1.000	0.918	递增
2004	1.000	1.000	1.000	不变	2013	0.791	0.932	0.849	递增
2005	0.931	0.971	0.959	递减	2014	0.851	0.984	0.865	递增
2006	0.893	0.976	0.915	递增	2015	1.000	1.000	1.000	不变
2007	0.946	0.981	0.965	递减	2016	1.000	1.000	1.000	不变
2008	0.900	0.907	0.992	递减	平均	0.939	0.984	0.953	
2009	1.000	1.000	1.000	不变					

其中，2002~2004 年、2009~2011 年、2015 年以及 2016 年的 DEA 数据总体有效，表明在这八个年份期间，宁波的港航后勤服务要素投入量与港口产出量之间呈现最佳状态，两者的协同效率较好，吞吐量产出达到最大。与上海类似，长期、高效的港航后勤服务要素与港口体系协同效率也促成了宁波港口快速的规模增长，并在与舟山港合并后，长期保持世界第一的港口货物吞吐量。而除此之外的其他八个年份，宁波港航后勤服务要素与港口体系的协同效率相对不足，DEA 数值显示为总体无效，说明这八个年份里宁波在港航后勤服务要素投入上存在一定程度的不合理。其中，2001 年和 2012 年显示为纯技术效率有效，纯规模效率无效，2005~2008 年、2013 年以及 2014 年显示为纯技术效率和纯规模效率均无效。不过，也可以发现，即使在数据最差的年份，宁波港航

后勤服务要素与港口体系的综合效率值也超过了 0.79,这一数值虽然不如上海,但总体上依然相对较为理想,尚在合理的调整区间。

与此同时也可以发现,宁波在 2006 年、2012~2014 年呈现规模效益递增,说明在这四个年份期间,宁波港航后勤服务要素投入与港口产出比例并没有达到最佳,如果能够及时调整要素配置,可以为宁波港口带来更多的吞吐量产出。而在 2001 年、2005 年、2007 年和 2008 年,宁波的规模效益呈现递减,说明在这四个年份里宁波港口规模已经出现饱和现象,投入大于产出,资源未得到有效利用。综上所述,2001~2016 年期间,宁波港航后勤服务要素与港口体系的协同效率呈现较好状态,综合效率虽不及上海,但依然较为理想,需在维持现状的基础上,向上海学习,进一步增强港航后勤服务要素的发展实力,以促进其与港口体系间协同效率的进一步提升。

3. 苏州港航后勤服务要素与港口体系的协同效率分析

基于表 4-16 的数据可以发现,2001~2016 年期间,苏州港航后勤服务要素与港口体系的协同效率差异性相对较大,尤其是在最初的 2001~2004 年期间,综合效率数值偏低,总体情况不如上海和宁波两地。

表 4-16　苏州港航后勤服务要素的 DEA 分析结果

年份	综合效率	技术效率	规模效率	规模效益	年份	综合效率	技术效率	规模效率	规模效益
2001	0.543	1.000	0.543	递减	2010	1.000	1.000	1.000	不变
2002	0.534	0.942	0.567	递减	2011	1.000	1.000	1.000	不变
2003	0.521	1.000	0.521	递减	2012	1.000	1.000	1.000	不变
2004	0.660	1.000	0.660	递减	2013	0.875	0.896	0.977	递增
2005	0.845	1.000	0.845	递减	2014	0.740	0.761	0.973	递增
2006	0.874	1.000	0.874	递减	2015	0.926	0.935	0.990	递增
2007	0.884	1.000	0.884	递减	2016	1.000	1.000	1.000	不变
2008	0.820	0.883	0.929	递增	平均	0.826	0.964	0.860	
2009	1.000	1.000	1.000	不变					

其中,DEA 显示总体有效的年份降低为五年,包括 2009~2012 年以及 2016 年。在这五年期间,苏州的港航后勤服务要素与港口体系协同效率最高,港口吞吐量产出达到最大。根据年份分布可以看出,DEA 总体有效的年份均位于后

八年中。巧合的是，也正是 2008 年以后，苏州港的货物吞吐量突破 2 亿 t，并一路高歌猛进，在 2016 年跃居中国第三大港。不可否认，良好的协同效率为苏州港的快速发展提供了内在动力。而在另外的十一个年份里，苏州港航后勤服务要素与港口体系协同效率均显示为 DEA 总体无效。说明在此期间，苏州在港航后勤服务要素投入方面存在不同程度的问题。其中，2001 年、2003~2007 年期间，显示为纯技术效率有效，纯规模效率无效，2002 年、2008 年、2013 年、2014 年以及 2015 年显示为纯技术效率以及纯规模效率均无效。特别需要指出的是，2001~2004 年期间，综合效率明显偏低，自 2005 年开始逐渐好转，数值上升到 0.8 以上，直至达到 DEA 总体有效。究其原因，主要是初期正值"三港合一"，在资源配置方面存在磨合期，一旦完成资源整合，苏州港航后勤服务要素与港口体系的协同效率便表现得较为稳定和良好。

在规模效益方面，2001~2007 年期间苏州的规模效益一直是递减状况，表明在这七个年份里苏州的港航后勤服务要素投入比例没有达到最佳，存在产出不足的问题，造成一定程度的饱和现象。相对于上海和宁波而言，苏州港规模效益递减的年份偏多，这说明苏州港在发展初期受到产出不足的困扰。而苏州港在 2008 年、2013~2015 年规模效益递增，说明这四个年份内苏州港航后勤服务要素投入未达到最优，港口产出未达到最大。这也可以解释为苏州完成港口整合后，港航后勤服务业的发展并未跟上，制约了港口的发展速度。

4. 南京港航后勤服务要素与港口体系的协同效率分析

由表 4-17 可见，2001~2016 年期间，南京港航后勤服务要素与港口体系的协同效率差异性相对较小，绝大多数年份的 DEA 数据大于 0.8，只有极个别年份稍微偏低，说明南京港航后勤服务要素的投入效率总体上较好，其与港口体系的协同效率较为理想。

其中，2002 年、2004 年、2009~2014 年的南京数据显示为 DEA 总体有效，表明这八年期间南京港航后勤服务要素与港口体系的协同效率非常理想，两者之间的组合最佳，其港口产出量达到最大。其余的八个年份数据显示为 DEA 总体无效，说明在此期间南京港航后勤服务要素投入和港口产出之间存在问题，协同效率不理想。其中，2001 年、2003 年、2005 年以及 2016 年数据显示为纯技术效率有效，纯规模效率无效，2006~2008 年以及 2015 年显示为纯技术效率和纯规模效率均无效。值得引起注意的是，近两年，在长期有效的情况下，出现了连续两年的 DEA 无效情况，说明近期南京在港航后勤服务要素与港口体系协同效率方面出现了新的问题，主要的表现为吞吐量增速放缓。

表 4-17　南京港航后勤服务要素的 DEA 分析结果

年份	综合效率	技术效率	规模效率	规模效益	年份	综合效率	技术效率	规模效率	规模效益
2001	0.988	1.000	0.988	递减	2010	1.000	1.000	1.000	不变
2002	1.000	1.000	1.000	不变	2011	1.000	1.000	1.000	不变
2003	0.983	1.000	0.983	递增	2012	1.000	1.000	1.000	不变
2004	1.000	1.000	1.000	不变	2013	1.000	1.000	1.000	不变
2005	0.926	1.000	0.926	递减	2014	1.000	1.000	1.000	不变
2006	0.787	0.986	0.798	递增	2015	0.821	0.856	0.960	递增
2007	0.833	0.967	0.861	递增	2016	0.888	1.000	0.888	递增
2008	0.829	0.884	0.938	递增	平均	0.941	0.981	0.959	
2009	1.000	1.000	1.000	不变					

由表 4-17 还可以发现，在 2003 年、2006~2008 年、2015~2016 年期间，南京港航后勤服务要素呈现规模效益递增，表明在此期间要素投入没有达到最佳状态，一定程度上限制了港口的产出。而在 2001 年、2005 年显示为规模效益递减，说明在这两个年份里港航后勤服务要素的投入未被充分利用。基于上述研究结果，可以认为近期南京应重视港航后勤服务要素的投入和配置的合理性，避免协同效率进一步降低。

5. 南通港航后勤服务要素与港口体系的协同效率分析

从表 4-18 的 DEA 分析数值可以发现，2001~2016 年期间，南通港航后勤服务要素与港口体系的协同效率与长江三角洲地区其他四个城市相比，具有较大的偏差，表现为前期效率极低、后期趋于理想。尤其是最初几年，数值甚至低于 0.5 的分界线。

其中，2001 年、2012~2014 年这四年间，南通港航后勤服务要素投入与港口产出呈现最佳组合，两者协同效率最高，吞吐量产出值较为理想。这些 DEA 有效的年份均集中于 2009 年之后。从南通港口吞吐量的变化情况也可以看到，2009 年之后也是南通港口跨越式发展的开端，要素产出效率得到极大提升。除了上述四年，南通港航后勤服务要素与港口体系的协同效率在多数年份表现为

DEA 总体无效,远多于其他四个长三角城市。其中,2001 年、2003 年、2004 年、2006 年、2009 以及 2016 年分析数据显示为纯技术效率有效,纯规模效率无效,2002 年、2005 年、2007 年、2008 年、2011 年以及 2015 年显示为纯技术效率和纯规模效率均无效。不过可以看到,无效数据多集中于前期,可以认为南通港的发展是越来越好,港航后勤服务要素与港口体系的协同效率越来越趋于理想。

表 4-18 南通港航后勤服务要素的 DEA 分析结果

年份	综合效率	技术效率	规模效率	规模效益	年份	综合效率	技术效率	规模效率	规模效益
2001	0.482	1.000	0.482	递减	2010	1.000	1.000	1.000	不变
2002	0.484	0.994	0.487	递减	2011	0.973	0.979	0.994	递增
2003	0.519	1.000	0.519	递减	2012	1.000	1.000	1.000	不变
2004	0.496	1.000	0.496	不变	2013	1.000	1.000	1.000	不变
2005	0.503	0.952	0.528	递减	2014	1.000	1.000	1.000	不变
2006	0.541	1.000	0.541	递减	2015	0.915	0.963	0.950	递增
2007	0.576	0.990	0.582	递增	2016	0.900	1.000	0.900	递增
2008	0.630	0.926	0.681	递增	平均	0.745	0.988	0.754	
2009	0.900	1.000	0.900	递增					

在规模效益分析方面,从表 4-18 可见,2007~2009 年、2011 年、2015 年以及 2016 年的规模效益呈现递增,说明在这六个年份期间,南通港航后勤服务要素投入没有达到最佳,不利于港口体系的发展。而在 2001~2003 年、2005 年和 2006 年期间表现为规模效益递减,说明在这五个年份里,港航后勤服务要素未被有效利用,协同效率不佳。综上所述,南通的分析结果显示,其港航后勤服务要素与港口体系的协同效率在经历了最初的低迷期后,随着港口的大发展,迎来了效率提升的黄金期。

根据上述分析结果可知,由于不同港口在港口群中所处的地位差异,以及每个港口不同的发展历史,其港航后勤服务要素与港口体系的协同关系也会有所不同。应当根据每个港口与城市的实际情况,加以区分,因城施策,提升两者的协同效率,从而促进长江三角洲地区港口体系的可持续发展。

第五节 长江三角洲地区港口体系发展建议

针对灰色关联分析法和 DEA 模型的研究结果,以及充分考虑全球港口格局变迁与发展现状,对长江三角洲地区港口体系与港航后勤服务要素协同发展提出以下三点建议。

1. 合理配置要素资源

根据三类要素的实际发展状况,结合不同城市的特点,因城施策,提高要素配置效率。根据港航后勤服务要素的影响力程度,应以交通运输要素为重点发展对象,金融要素和信息技术要素作为辅助力量,共同发展,从而促进现代的港航后勤服务业和港口体系更快转型。首先应加快发展港口交通运输。根据灰色关联度分析,可以发现交通运输要素对长江三角洲地区各个地区港口的发展影响最大。目前,长江三角洲地区交通设施及空间布局已处于完备阶段,但是各运输方式之间仍存在无序、不合理运用的现象。要充分发挥综合运输与多式联运的作用,在国家交通运输优惠政策背景下,实现各运输方式之间的优势互补及有序的多式联运,使各自的功能得以充分发挥,提高整体的运输水平和效率。其次应当增加地区金融综合实力,形成大金融产业格局,发挥核心地区的金融中心作用,带动地方金融力量,为港航后勤服务发展提供资金支持。

2. 提高投入产出率

要充分发挥港航后勤服务要素对港口吞吐量的提升作用,厘清两者之间的协同关系,使港航后勤服务要素有效服务于港口。通过 DEA 模型的研究结果可发现个别主要港口存在资源投入过多的浪费现象。其中长江三角洲地区港口资源配置方面,除了上海、宁波、南京地区资源投入不存在浪费现象,苏州和南通两个地区均存在较大的投入浪费和集装箱吞吐量不足的现象。说明长江三角洲地区各港航后勤服务要素投入与港口产出比例未达到最优,应加强对于各港航后勤服务要素的统筹,结合各地区港航后勤服务业和港口的实际发展情况,最大程度地减少浪费。

3. 加快资源整合

资源的浪费很大程度是因为港口之间的资源分布不均和竞争无序，港航后勤服务要素与港口体系协同效率的提升，不应仅局限于一城一地，要加快长江三角洲地区港口体系的一体化进程，通过不同城市间的优势资源互补，实现长江三角洲地区整个港航板块的联动发展、协同发展。上海港、宁波舟山港、苏州港等大型综合港口应起到龙头带领作用，扩大腹地辐射能力，提高对货源的吸引力。通过资源整合，实现跨地区资源互补，提高资源投入效率，使资源的利用率达到最佳状态。

第五章　基于系统动力学的港航后勤服务业对港口体系影响研究

20 世纪 90 年代以来，随着港口体系的不断演变升级，港口已成为经济全球化进程中不可或缺的一部分。而为了满足城市、企业日益增长的高质量、高标准的物流需求以及不断衍生的金融、法律等增值服务需求，大量不同类型的港航后勤服务企业开始出现，如国际货运代理公司、航运金融公司、船舶代理公司、海事法律公司等。港航后勤服务企业的不断发展，极大地推动了港口体系的转型。由于不同类型的企业对于港口体系的影响有所不同，针对性分析港航后勤服务业和港口体间的实质性关系有助于掌握港口产业发展的内在规律，具有极大的理论意义和实践价值。

目前，国内外港航后勤服务业与港口关系的理论研究，虽然已经有了一定的积累，但还未形成完整的研究体系，相关的研究成果也不够丰富。对于港航后勤服务业与港口体系之间影响的研究多集中于港航后勤服务业某个细分产业，或者是微观的企业层面，无法从整体的视域掌握港航后勤服务业对港口的影响关系，也缺乏对港航后勤服务业各细分产业之间相互作用的考量，不能全面呈现整个系统的运行规律。鉴于港航后勤服务业分属不同的产业部门，这些部门与港口之间的联系也不尽相同，因此，要全面地厘清港航后勤服务业与港口之间的关系并不容易。

本章在前述港航后勤服务业基本内涵的基础上，结合与港口体系间的相互作用，从物流、金融、科技、法律四个细分产业入手设计了港航后勤服务业与港口体系之间的系统反馈关系，并基于此构建了港航后勤服务业对港口体系影响的系统动力学模型，尝试运用动力学思想定量测度港航后勤服务业各细分产业对港口吞吐量的影响，以系统性揭示港航后勤服务业与港口体系之间的内在联系。最后，以宁波地区的数据对模型进行了仿真计算，测度了港航后勤服务业不同细分产业对港口吞吐量的影响程度。研究全面呈现了港航后勤服务业主要细分产业与港口之间的影响关系和作用路径，弥补了港航后勤服务业系统性研究的不足。研究有助于丰富港航后勤服务业领域的实证案例，为科学规划区域港口发展提供理论依据。

第一节　港航后勤服务业与港口关系分析

随着港航产业的不断演变升级，港航市场的"服务经济"特征日趋显著。能否提供全面、多样化的港航后勤服务已成为港口间竞争的重要砝码。为了在区域港口格局中占有一席之地，港口与港航后勤服务业间的关系日趋紧密，从而加速了港航后勤服务产业在港口附近区域的集聚。加强港口与港航后勤服务业的协调合作是港口发展现代物流的必由之路。

港航后勤服务业与港口之间的关系错综复杂，两者相互影响并处于动态关系。一方面，港口为其周边的后勤服务产业提供了货流资源，催生了港航后勤服务业的形成和发展。另一方面，港航后勤服务业通过为港口提供后勤支持，促进了港口货物吞吐量的增长。港航后勤服务业与港口之间的关系如图 5-1 所示。

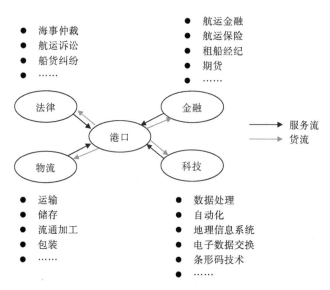

图 5-1　港航后勤服务业与港口的关系

如图 5-1 所示，可以分别对物流、金融、科技、法律四个港口细分服务业与港口之间的关系加以识别，建立相应的因果路径。具体的因果关系分析如下：

1. 物流业与港口

在国际经济、贸易和运输一体化尚未形成的时候,生产和贸易两者相对独立,运输被分解成多个环节。因此,在港口发展的初期,只具备传统的装卸搬运功能,且游离于生产、贸易和运输之外。随着经济全球化不断深入,越来越多的生产经营活动和资源配置开始在全球范围内进行,促进了全球性贸易与运输链的形成。现代港口开始在社会经济发展中发挥越来越大的作用,并对一个国家或地区参加经济全球化的程度和国际竞争的地位产生决定性作用。Vieira等(2015)认为现代港口的发展已经不再是简单的港口货物装卸,主要的沿海港口和内河港口都是重要的物流和交通运输中心。

物流业与港口是息息相关的产业。港口在物流链上具有十分重要的地位,是交通运输的枢纽。港口的发展推动了港口物流产业的形成,而物流业的兴起又反过来推动港口的进一步发展。发展物流业可以提高港口运行效率,也可以通过多式联运等先进运输方式促使货源流向港口。物流业形成的货源集聚为港口发展提供了充足的货运需求,外贸货物的物流则主要通过港口来完成对外运输。Jeevan等(2017)认为随着港口的发展逐渐向腹地延伸,港口对腹地物流服务体系的依赖也会加大。Acciaro等(2017)则指出完善的物流通道布局、高效的物流周转能够极大地提升港口的货物集疏运效率。同时,航运物流的发展也能够提升水运周转量,进而增加港口的货物吞吐量。物流业与港口的因果关系如图 5-2 所示。

物流业与港口的反馈路径如下:

物流规模 —$\xrightarrow{+}$→ 水路运输周转量 —$\xrightarrow{+}$→ 港口货物吞吐量 —$\xrightarrow{+}$→GDP —$\xrightarrow{+}$→ 物流规模。

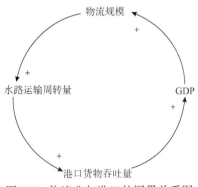

图 5-2　物流业与港口的因果关系图

2. 金融业与港口

港口经济是多种产业有机结合的区域开放型经济，港口经济的发展离不开金融业的支撑，而港口金融也依托于港口经济存在发展。纵观港口与金融业的协同发展历程可以发现，在港口发展初期，其主要功能是货物运输，而金融产品与服务则相对单一。随着港口功能的不断拓展，港口金融服务也得到了快速的发展，并为之提供相适应的融资、结算、配套服务及资产保值等一系列个性化的服务方案。从全球范围来看，世界著名的国际航运中心往往也是重要的国际金融中心。Knatz 等（2016）认为港口产业是资本密集型产业，港口经济的发展需要大量的资金支持。金融业对港口的支持主要体现在两个方面。

1）对港口基础设施的投资

Nguyen 等（2016）认为港口基础设施投资的金额巨大，建设周期较长，往往无法通过港口企业自身收入实现，因此需要通过银行长期贷款保障资金供给。金融业能够满足港口基础设施建设所需要的巨大资金需求，为港口相关产业发展提供巨大的资金保障。Parola 等（2013）认为港口投资虽然资金回收周期长，但是具有稳定的收益率，对长期金融资本也有一定的吸引力。Akhavan（2017）则认为港口基础设施的改善能够提升港口的通过能力，为港口货物吞吐量的增长创造硬件条件。

2）对航运业的金融支持

由于航运业所面临的自然灾害、意外事故等情况较为复杂且难以预测，因此任何一个环节疏忽都可能造成航运企业的重大损失。航运业的高风险性促使其对金融避险产品具有天然的需求。航运金融主要包括船舶融资、船舶保险、资金结算和航运衍生品等。航运金融产品的避险工具和保险品种有助于航运企业合理规避来自海上和自身周期变化中遇到的巨大风险，成为航运经济发展过程中不可或缺的保障力量。Rodrigue 等（2011）提出航运金融服务能够为航运企业发展壮大和抵御周期性波动提供资金保障，促进航运业的长期持续发展。良好的航运金融环境，能够增加地区的水路运输周转量，带动港口货物吞吐量的增长。金融与港口的因果关系如图 5-3 所示。

金融业与港口的反馈路径如下：

①金融规模 $\xrightarrow{+}$ 港口基础设施投资 $\xrightarrow{+}$ 港口通过能力 $\xrightarrow{+}$ 港口货物吞吐量 $\xrightarrow{+}$ GDP $\xrightarrow{+}$ 金融规模。

②金融规模 —─+→ 航运金融规模 ──+→ 水路运输周转量 ──+→ 港口货物吞吐量 ──+→ GDP ──+→ 金融规模。

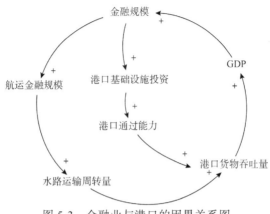

图 5-3　金融业与港口的因果关系图

3. 科技业与港口

无论是港口的建设，还是港口的运营，都离不开科学技术的支撑。随着电子信息技术的迅速发展，卫星定位系统、地理信息系统和决策支持系统等科技成果在港口导航、船舶定位、航道调度和管理中已得到了广泛应用。蒋厚武（2006）认为新成果的引进、新技术的开发是我国港口建设事业发展的重要推手。

港口功能的代际更替通常伴随港口科技的更新换代。Díaz-Hernández（2017）认为每一次港口新技术的应用都会推动港口设施设备运营能力的提升。例如，船舶大型化导致了深水泊位建设和码头大型装卸设备的应用。Wang 等（2017）认为随着港口逐渐成为物流中心、信息中心和商贸中心，对于港口的科技含量也提出了新的要求。而随着"互联网+"时代的到来，传统的港口经营模式也正在发生质的改变。科技无疑是港口转型升级的重要手段，能够促使港口由海运物流链条上的空间节点升级为信息服务节点，从而创造更大的价值。

因此，Pratap 等（2017）提出无论是设施设备的电气化、自动化水平，还是港口单证数据的信息化处理、新一代管理信息系统的应用，都能够提高港口的运营效率，提升港口通过能力，进而促进港口货物吞吐量的增长。科技业与港口的因果关系如图 5-4 所示。

科技业与港口的反馈路径如下：

科技规模 ——⁺→ 港口科技投资 ——⁺→ 港口通过能力 ——⁺→ 港口货物吞吐量 ——⁺→ GDP ——⁺→ 科技规模。

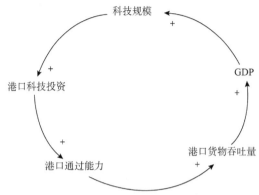

图 5-4　科技业与港口的因果关系图

4. 法律业与港口

Sheng 等（2017）提出良好的法律环境是港口发展的必要保障。港口法律法规能够规范港口相关经营人的行为，具有强大的行为约束力。完善的法律环境能够促进港航业良好秩序的形成，为港口产业的健康发展提供强有力的保障。法律环境的构建不仅依赖于法律条款的完备，还需要成熟的法律服务市场。通过构建完整的海事法律服务链，有助于营造更为安全、可靠的港口氛围，吸引航运产业的集聚。法律业对港口货物吞吐量的影响主要有两个途径。

1）通过法律环境的改善，吸引企业入驻

Viua（2017）认为当法律业形成一定规模时，会改善港口的企业生存环境。而 Cotomillán 等（2016）提出在得到法律保障的环境下，港航企业会形成集聚，企业的数量会增加，从而促进水运周转量的增长。

2）减少违法行为带来的损失

法律本身对于违法行为就具有威慑力。Jaccoud 等（2014）认为对港口岸线的违法占用，货物运输中的违法行为都会造成港口货物吞吐量的损失。通过营造良好的守法氛围，提供更多的法律咨询和协助，可以减少这一损失，从而保障港口运输的正常运行。法律与港口的因果关系如图 5-5 所示。

法律业与港口的反馈路径如下：

①法律规模 ——⁺→ 港航企业数量 ——⁺→ 水路货运周转量 ——⁺→ 港口货物吞

吐量 ——$\xrightarrow{+}$ GDP ——$\xrightarrow{+}$ 法律规模。

　②法律规模 ——$\xrightarrow{+}$ 违法损失挽回 ——$\xrightarrow{+}$ 港口货物吞吐量 ——$\xrightarrow{+}$ GDP ——$\xrightarrow{+}$

法律规模。

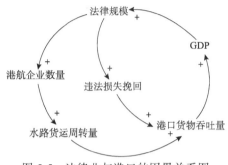

图 5-5　法律业与港口的因果关系图

　　通过对物流业、金融业、科技业、法律业与港口之间因果关系的分析，可以清晰地揭示港航后勤服务业细分产业影响港口货物吞吐量的作用路径。这也为进一步构建完整的港航后勤服务业与港口关系的系统模型提供了依据。

第二节　系统动力学模型构建

一、系统动力学模型概述

　　1958 年，Forrester 综合应用控制论、信息论和决策论等有关理论与方法，融合结构与功能、物质与信息、科学与经验于一体，提出了系统动力学（system dynamics）的构想。系统动力学方法起初主要应用于工业企业管理问题研究，而后研究对象扩展至城市社会与世界范围等大型系统。

　　Vensim 软件是一个基于视窗界面的系统动力学建模工具，被普遍认为是功能最优、应用最为广泛的系统动力学仿真软件，提供了功能强大的图形编辑环境。Vensim 分析工具可以将所有工作变量之间的因果关系用树状的图形形式表示出来，或将模型中所有反馈环以列表的形式列示出来，也可以将各变量在整个模拟周期内的数值以图形的形式表示出来。另外，Vensim 软件具有可利用图示化编程建模、较强输出兼容性、多分析方法、真实性检查等特点。

　　随着研究工具的优化，系统动力学已成为分析研究社会性复杂问题的重要工具，并取得相当多的研究成果。系统动力学模型也应用于政治、经济、军事、城市与区域发展、医疗、卫生等领域。本节利用系统动力学方法建立港航后勤服务业与港口关系的系统模型，以分析两者间的内在联系。

二、系统动力学模型构建步骤

本节通过整合上述四个细分产业子系统，并考虑系统内部的平衡性，可以构建完整的流程图，如图 5-6 所示。以下假设用以确定模型的边界：

（1）模型考虑港口、港航后勤服务业与 GDP 之间的关系，其他因素不被考虑。

（2）模型考虑物流、金融、科技、法律四个细分服务业与港口间的关系，其他产业与港口间的关系不被考虑。

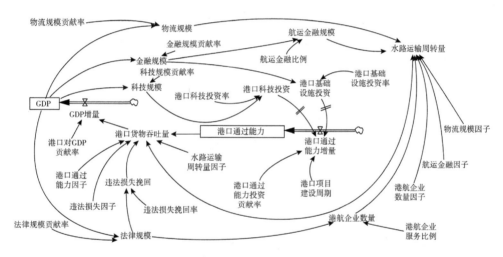

图 5-6　港航后勤服务业与港口体系的系统流程图

模型的主要变量关系式如下：

（1）GDP=INTEG（GDP 增量，GDP 初值）

（2）港口通过能力增量=DELAY1［（港口基础设施投资+港口科技投资）×港口通过能力投资贡献率，港口项目建设周期］

（3）港口货物吞吐量=港口通过能力×通过能力因子+水路运输周转量×周转量因子+违法损失挽回×违法损失因子

（4）水路运输周转量=物流规模×规模因子+航运金融规模×金融因子+港航企业数量×数量因子

系统动力学模型可以通过仿真实验处理复杂时变系统问题。通过改变某个变量的数值，可以观察其他变量的变化情况。为了反映港航后勤服务业对港口体系的影响，可以通过调整港航后勤服务业各细分产业的规模数据，比如将细分产业规模数据增加一定比例，来观察港口吞吐量仿真值的不同变化情况，从而判断各细分产业对于港口的影响程度。

第三节　仿　真　实　例

一、数据来源

宁波港位于中国最重要的经济省份之一——浙江省。宁波港口历史悠久，影响远播海内外。自宁波港与舟山港口合并后，港口吞吐量迅速增长。迄今为止，宁波舟山港港口货物吞吐量已连续 8 年位居世界第一，集装箱吞吐量也相继超过釜山港和香港港，居世界第四。近年来，宁波港航后勤服务产业迅速发展，并先后成立了宁波航运交易所、宁波大宗商品交易所等一大批服务机构，逐渐形成了极具竞争力的港口经济圈。

本书以宁波地区为研究范围，分析数据主要来源于《宁波统计年鉴》《宁波交通年鉴》等相关统计年鉴，以及港航相关部门的实地调研。金融规模数据采用金融业增加值表示，物流规模数据采用交通运输与邮政业增加值表示，科技规模数据采用 R&D 投入金额表示，法律规模数据采用从业律师数量表示。港口货物吞吐量数据采用的是合并后的宁波舟山港数据，这是考虑到两港合并后大宗商品运输增量被有规划地转移到舟山新建码头，而宁波舟山港的港航后勤服务主要依赖于宁波地区提供。

二、模型测试

模型采用系统动力学专用 Vensim 软件进行系统仿真分析。对模型进行机械错误检验、量纲一致性检验和有效性检验，检验结果较为理想。分别以 2005 年和 2015 年为起始年和最终年，以一年为仿真时间步长，进行仿真模拟。物流业、金融业、科技业、法律业的仿真值和实际值如图 5-7~图 5-10 所示。

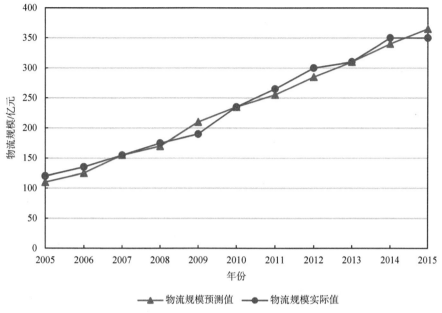

图 5-7　物流业规模的仿真值和实际值

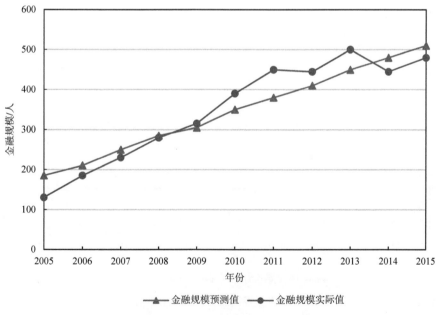

图 5-8　金融业规模的仿真值和实际值

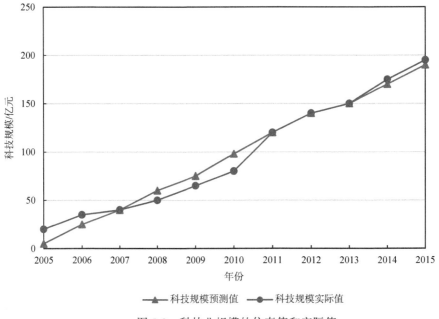

图 5-9　科技业规模的仿真值和实际值

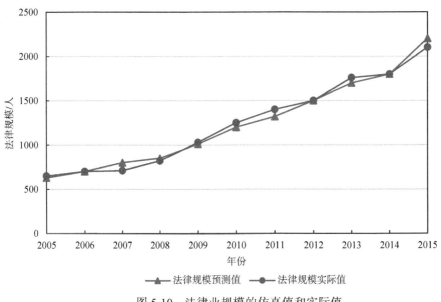

图 5-10　法律业规模的仿真值和实际值

由图可见，仿真得到的预测值与实际值非常接近，误差在 10%的可接受范围内，基本上能够反映系统变量的真实变化趋势。

三、影响测度与结果

为了分析港航后勤服务业各细分产业对港口货物吞吐量的影响差异，以 2005 年为基期，对港口货物吞吐量进行仿真预测，预测期至 2025 年。同时，将物流规模、金融规模、科技规模和法律规模数值分别上调 50%，以观察港口货物吞吐量的变化状况，进而分析各后勤服务细分产业对港口货物吞吐量影响的程度。仿真运算结果如图 5-11 所示。

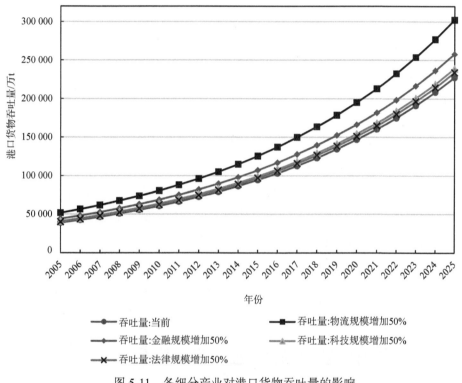

图 5-11　各细分产业对港口货物吞吐量的影响

为了更清楚地判断各产业对港口货物吞吐量的具体数值影响，可以对各产业规模分别增加 10%、20%、30%、40%、50%之后的港口货物吞吐量 2025 年预测终值的增加量进行测算，测算结果如图 5-12 所示。

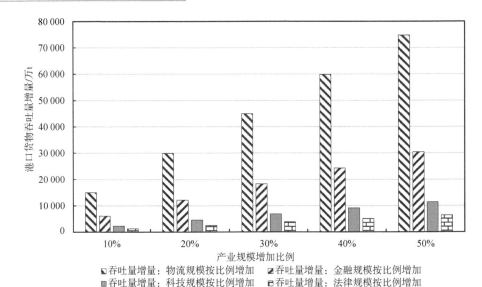

图 5-12 各要素规模按比例变化后港口货物吞吐量预测终值的增加情况

由图 5-11、图 5-12 可知，当按不同比例分别增加物流、金融、科技和法律规模数值之后，物流规模的数值变动对港口货物吞吐量增长值的贡献最大，远远超过其他产业。科技和法律规模的增长对港口货物吞吐量数值增长的影响较弱。由此可见，现阶段影响宁波港口货物吞吐量的主要因素是物流，其次为金融，科技和法律的影响较弱。因此，当前促进宁波港口货物吞吐量增长最有效的途径是发展物流产业。同时，如何提升金融、科技、法律等高端港航后勤服务产业对港口的带动作用也值得政府管理部门重视，并采取相应的政策措施加以引导。

第四节 提升港航后勤服务业对港口体系影响的可选路径

随着"一带一路"倡议的提出，港口作为海上丝绸之路的重要节点以及支撑我国国民经济发展的重要基础设施，正面临着重大的历史发展机遇和发展空间。为此，须依托政府平台和政策支持，通过制度创新、技术创新和服务创新等途径，聚集资本、技术、信息、商贸等各种资源与要素，大力提升物流业、金融业、科技业和法律业等港航后勤服务业的发展水平，从而促进整个港口体系的健康稳定快速发展。目前，现有文献对于各产业推动港口发展的相关策略研究已较为成熟，许多建议在当前环境下依然具有参考价值。基于本研究的研究对象与研究范围，提升港航后勤服务业对港口体系影响的相关可选路径梳理如下。

一、物流业与港口

现代物流业是港口与腹地联系的重要纽带，通过提升物流业发展水平，有助于推进港口腹地联动发展，进一步提高港口竞争力。现有文献对于港口物流业发展的具体路径总结如下。

1. 完善港口物流基础设施体系

港口物流基础设施是指港口集疏运网络体系及其相关的辅助设施设备，主要包括港口设施、航道、疏港铁路、公路以及相关的快速装卸、标准化运输的设施设备等。港口物流基础设施是港口物流发展及构建物流服务供应链的基础，其建设水平直接决定港口物流的质量、效率和效益。完善港口物流基础设施体系，能够改善港口物流的运作条件，提升港口物流运作效率和质量。具体的途径有：①统筹规划、合理布局港口物流基础设施建设，加强对港口物流基础建设的资金投入，不断改善港口的集疏运网络，建设结构合理、衔接顺畅、组织有效的港口综合集疏运体系。②大力推行"前港后园""前港后市"的功能布局，建设临港物流园区。通过整合港口后方陆域、物流园区、综合保税区等资源要素，建设集仓储、加工、商贸、信息、金融服务于一体的临港综合物流中心，完善仓储配送、集拼加工、定制物流、贸易通关、商品展示、代购分销、电子商务等功能，形成储、供、运、销产业发展链，为商贸中心、物流中心、航运中心和临港工业的发展发挥重要支撑作用。③依托临港物流园区，大力发展流通加工、商贸交易、配载配送、金融保险、信息服务等物流增值服务功能，提升集装箱场站的堆存、拆装箱、简单仓储功能，为客户提供更为多元化的物流增值服务。

2. 推动港口物流主体间的共享共赢

由于港口物流活动涉及的环节较多、过程较为复杂，难以依靠单个企业的力量完成所有的业务环节，因此，为了提升港口物流供应链的整体效率和竞争实力，港口物流主体之间应树立合作共赢的发展理念，通过物流产业链上下游企业的协同合作，建立纵向一体化或横向一体化的联盟关系，共同努力推动港口物流向规模化、集约化方向发展。

为了实现这一目标，就必须建立科学、系统和合理的共享平台机制，使参与企业分享物流产业链的合作红利。港口物流主体间的共享主要包括港口物流基础设施共享和港口物流信息共享。在港口物流基础设施共享的环境下，港口物流集群企业的硬件投入成本将有效降低，港口物流基础设施的利用率将获得提升，从而可以提高港口物流企业经营效率，增强物流产业链的运行质量，促进港口物流的一体化、网络化发展。而港口物流信息共享平台的建立，能够将港口企业、政府管理部门、航运企业、货代企业、货主等利益相关者连接起来，形成开放的有机整体。通过提供货物流转、单证交接、货物跟踪、提单发放、船期预告、市场行情、通关状态、堆场仓储、泊位使用等信息，实现网上订舱、网上报关、电子通关等便捷港口物流服务，提升港口物流的信息化水平。在大数据、云计算等技术条件下，还可以对港口物流共享信息进行深层次数据挖掘和数据分析，找到港口物流供应链的薄弱环节，加以修复。或者是发掘出新的市场需求，拓展港口物流服务领域和深度。

此外，还需要重视建立基础设施、信息等港口物流资源共享的利益分配协调机制，关切港口物流链各方的利益诉求，营造良好的合作氛围。这样才能使共享平台获得最大化的业务数据和设施资源，实现共享机制的可持续发展。

3. 集聚多元化的港口物流人才

港口与港口物流的快速发展离不开人才的聚集，港口涉及的企业和机构众多，这就需要掌握不同技能的各类人才共同协作，才能实现港口体系的有效运作。目前，我国主要港口城市的物流人才均较为缺乏，尤其是高端复合型物流人才十分稀缺。因此，各港口城市都十分重视对物流人才的引进和培养。具体措施有：①制定物流人才发展规划。根据港口物流的发展需求，分类别、分层次、分阶段制定人才培养和引进计划，鼓励企业网罗重点领域的紧缺物流人才，争取人才引进落户。②构建全面开放的物流人才体系。不仅要抓高层次物流人才的引进，集聚高端智力资源，也要吸引大量的基础性物流人才，做大人才基数，从而发挥各层次人才的积极性和创造性，全面推动港口物流产业发展。③完善人才基础配套。可以有规划地建立港口物流集聚区，为物流人才提供舒适的工作和居住环境，以及完善的住房、交通、医疗、子女就学等配套服务。

只有做到使港口物流人才引得来、留得住，形成良好的人才集聚趋势，才能避免港口物流产业的空心化，为产业发展提供强大的智力支持，做实做强港口物流供应链。

二、金融业与港口

港口作为典型的资本密集型区域，具有投资巨大、回收期长的特点。港口自身的盈利并不足以满足其对资金的需求，因此，无论是在港口的发展初期，还是已经发展到一定规模，港口的相关建设都需要金融业的资金支持。建立多层次、多渠道的港口投融资体系是任何港口在发展过程中必须解决的首要问题。现有文献对于港口金融业发展的具体路径总结如下。

1. 完善港航金融支持政策

政府的金融支持政策主要包括政府贴息贷款、税收优惠等，通过为港航企业提供税收优惠、贷款贴息等一系列优惠扶持政策，可以帮助其获得成本更为低廉的金融资源，减轻企业的融资压力。同时，政府还可以在港口基础设施建设、港口物流园区建设、多式联运建设和腹地无水港建设等方面，引导港航企业采取更为灵活的建设模式，为企业间牵线搭桥，通过抱团取暖，降低企业运作的金融风险。

2. 优化港航金融服务体系

依托专业性金融、商业性金融、合作性金融和新型金融服务机构，构建多元化的港航金融服务体系，为港航企业发展提供资金保障。鼓励各类金融服务机构开展港航金融业务，提升金融业对港口体系的服务范围、服务能力和服务水平，帮助港航企业做大做强。具体的措施包括：①鼓励银行提高港航服务水平。在传统型银行内部开设专门的航运金融部门，或者是鼓励新设以港航金融为主要发展领域的专业化银行，为港航企业提供专业化融资服务，以满足港航企业的个性化需求。②鼓励开设专业化金融机构。开设各类船舶融资租赁公司、船舶担保公司、航运保险公司等，为港航企业提供全方位的金融服务。③大力引进优秀金融服务机构。通过引进国内外著名的航运金融服务企业，迅速提升金融业的港航服务能力和水平，借助示范效应，带动本地航运金融机构的发展。

3. 创新港航金融服务业务

通过拓展多渠道的港航金融服务业务，加快港航金融服务多元化发展。在传统金融服务基础上，不断探索新的服务模式、服务内容，加大业务创新力度，努力形成专业化、特色化的港航金融服务市场。具体的途径包括：①不断开拓航运金融新业务。积极开展船舶债券融资、船舶股权融资以及船舶融资租赁等业务，帮助航运企业淘汰老旧船舶，实现船队更新升级。加快推进订单融资、应收账款融资、仓单质押、保兑仓、融通仓等业务的开办，探索降低金融业务风险的模式和方法。②加快发展离岸金融业务。推进人民币跨境贸易结算业务发展，提高金融机构资金清算能力和资金结算服务水平，加大电子银行的建设力度，探索设立"离岸金融岛"。③创新航运保险业务。通过开发适合航运企业和货主需求的保险产品，帮助企业规避风险，提高抵御经济周期的能力。

4. 加强港航金融生态建设

为了推进港航金融外部环境持续优化，需要积极建设良好的金融生态环境，从而为港航金融发展与港航产业培育提供良好的金融基础。具体的措施有：①优化外汇管理服务，拓展金融开放环境。通过争取更宽松、更优惠的外汇政策，降低港航物流企业的汇兑成本，提高资金运作效率。②加强合作交流，提升金融服务能力。通过加强与国际金融组织、国际金融机构、国际金融中心城市的合作交流，学习先进的金融管理方法，提升港航金融服务的国际化水平。通过加强与各相关领域的合作，探索新的服务模式，营造良好的港航金融服务环境。③加强信用体系建设，打造港航金融品牌。充分发挥第三方信用评级的作用，建设港航企业信用评级库，降低金融企业的服务风险，积极培育港航金融领域的服务品牌。

三、科技业与港口

技术变革是推动港口生产力发展的重要因素，依靠先进的管理技术、信息技术等，能够为港口产业的发展注入新鲜的血液，有助于提升港口的作业效率、再造港口作业流程，提高港口的整体生产能力。现有文献对于港口科技业发展的具体路径总结如下。

1. 开发应用先进港口物流技术

将全球卫星定位系统、地理信息系统等信息技术和云计算、大数据、物联网、移动互联等新兴技术应用于海运运输、船舶制造、港口机械、港口公共管理等领域，提升港航装备的技术含量和科技水平。通过科技手段促进港口操作的规范化和标准化，提高港口物流的便捷性和有效性。加快开发人工智能相关的港口物流技术，逐步减少人工环节，提高物流链和港口运营各个环节的反应速度和处理能力，实现港口自动化、无人化的创新操作模式，努力打造"智慧港口"。根据客户服务需求，改造港口物流的作业流程，整合港口物流业务，实现港口物流供应链的优化升级。通过引入"物联网+"的创新运作模式，建设港口物流综合服务平台，提升港口物流的整体服务水平，提升港口的综合竞争力。

2. 加快实施港口信息化战略

港口与港口物流信息化是下一阶段港口发展的重点。依托于射频技术、智能芯片、物联网技术、全球卫星定位系统等信息技术的强力支持，可以实现港口企业和港口口岸的高效信息化。应当支持港口企业开发应用云计算、大数据等新一代信息技术，提升码头生产调度、港口安全生产、后方运行监控的信息化水平。通过构建先进的港口企业信息网络，全面提高港口运作效率。进一步加快口岸信息化基础设施建设，提升港口电子数据交换、电子口岸、港口物流服务信息平台等基础性服务平台建设。加快海关、商检、港口、航运企业、货代、船代等不同主体间的信息联通和快速交互，以实现港口货物运输的畅通，提升港口物流的运作效率。推动港口城市和港航服务业加快信息化改造，鼓励以信息技术为依托的软、硬件行业以及信息服务业在港口城市快速集聚，开发面向港口、货主、航运和港航服务企业的开放式物流信息系统，提升企业运作效率，降低经营成本。利用先进的电子信息平台整合港航服务信息资源，构建面向港口和港航服务的电子商务平台，将商贸企业、航运企业、无船承运人、港口、银行、保险企业、法律机构、政府部门等关联起来，打造港口城市的全域信息化，实现海港向"数字港""信息港"的转变。

3. 积极推广绿色环保技术

以绿色、平安港口建设为发展导向，积极开发港航领域的绿色环保技术。重点解决港口对水体、大气、噪声、生物多样性等方面的污染问题。加快岸电、油改电、油改气、绿色照明等节能减排技术的推广应用，积极推进散货码头粉尘防治技术、设备及工艺的推广应用，加强新老港区污水收集、处理和回收利用。重视环保教育和环保技术培训，提高港口从业人员的环保意识和环境保护能力。通过加强港口节能减排和环境保护，建设资源节约、环境友好、安全文明的绿色港口。

四、法律业与港口

完善的港口法律体系是港口健康、持续、快速发展的基本要求和保障，是提高港口竞争力的重要前提。加强对现行港口相关法律制度的研究，了解港口各项活动中法律适用的特殊性，对于促进港口经营者依法经营、正确处理港口各项活动中的各种法律关系具有重要作用，对于加快港口发展具有深远意义。现有文献对于港口法律业发展的具体路径总结如下。

1. 健全港航法律法规

完善的法律制度对港口业具有规范、约束、引导作用，反之则对港口行业的健康和持续发展有阻碍作用。为了提高和改善港口发展的"软环境"，须以我国港口的管理实践为起点，吸收国际上港口管理和立法的有益做法，制定适宜我国港口发展的管理法规，并在现有的法律框架下，努力尝试制度创新，以获取港口在国际竞争中的优势。比如在船舶登记领域，可以在合理的范围内进行船舶登记制度的改革，建立并健全第二船籍登记制度和船舶预告登记制度。所谓第二船籍登记制度是指一国在不改变传统船舶登记制度的前提下，面向本国船东新设的与"方便旗"制度类似而又与原有登记制度同时存在的船舶登记制度。第二船籍登记制度是以保持本国原有船舶登记的基本条件不变为前提，以在境内的岛屿、边境开辟新的登记注册登记地为表现形式，给予在该地登记的船舶各种优惠政策为特点的制度。这种船舶登记制度既能确保对船舶的监管，又能壮大本国的海运实力。

应当出台减免港口和航运企业相关税赋、实施税收优惠的相关法规政策。

在增值税方面，减免在本国登记的国内船厂建造船舶的增值税，提升国产船舶在国际市场中的价格竞争优势。减免境外建造的新船转到中国做登记的增值税，以吸引国轮回流，加快我国航运企业船队规模的集聚和扩张。在营业税方面，减免航运活跃地区内的中国籍船舶和中资"方便旗"船舶的营业税和其他杂项费用，免收保税港区以及未来自由港内从事国际航运业务相关航运企业的营业税，免征注册在该区域内的从事货物运输、仓储物流、装卸搬运等服务的物流企业营业税。与此同时，还需跟踪港航领域新的业务模式形成，及时制定相关的法律法规，有效引导新业务模式的健康发展。

2. 抓好港口执法机构建设

港口的顺利运营需要依靠港口行政管理机关严格执法。因此，作为港口执法主体，港口管理部门可以通过设立专门的执法机构，建立并不断完善港口执法队伍，形成完善的依法治港的执法体系。加强内部管理，通过制定符合各港口实际情况的行政执法内部操作制度，明确赋予执法主体各项执法职能，做到各司其职。加强执法监督，对行政人员的执法行为进行有效约束，确保其依法执法，并对违规执法行为进行及时纠正。加强宣传部门建设，增强执法机构的宣传意识，通过法律法规的宣传教育、咨询、援助等工作优化执法环境。

3. 加强港口法律培训

港口相关法律法规的有效实行，有助于形成良好的口岸环境、优化整合港口资源、促进港口和物流业的可持续发展。提高港口从业人员的守法意识和法律素养，是发挥港口法律影响的重要保证。因此，港口监管部门和港口相关企业需要重视港口法律法规的学习和培训。通过组织多层次、大面积的法律培训，提高港口从业人员对港口法律的认识和法律条款的熟悉程度。从而，促使其自觉依法行事，在法律法规框架范围内开展生产经营活动。对于港口相关企业的经营者，应当做好违法警示教育，使其了解违法的严重后果，不要铤而走险。对于港口相关的政府部门管理人员，也应加强法律教育，提高依法行政能力。同时，港口法律法规的制定部门应当做好相关法律法规的解释工作，避免条款解释模糊引起的相关法律纠纷，以及由于法律认识不足对港航经营者业务创新积极性的打击。

4. 提高海事法院审判水平

提高司法审判水平，建设诚信的交易环境，推进海事法院公信建设，是确保港航物流发展司法保障的有效手段。目前，我国的海事法院专门审理与海上运输有关的民事案件。由于港口业务环节较多、涉外性强，客观上要求审理案件的审判员懂业务、精法律、通外语，以保证审判质量，保障纠纷得到及时有效的解决。因此，需要加强海事法院审判员队伍建设。通过吸收更多有专业教育背景和行业工作经验的专业人员加入海事法院队伍，提升司法审判能力。通过定期的学习和交流，提升现有队伍的海事法律素养和处理案件能力。同时，要积极开展与国际海事组织、海事仲裁机构间的合作，提升处理国际海事纠纷的能力。

第六章　港航后勤服务业发展战略研究——以宁波为例

"一带一路"建设和长江经济带发展是未来我国区域发展的新棋局，将直接影响我国港航后勤服务业的空间布局，必将给宁波港口带来巨大影响。本章围绕"加快港航后勤服务业发展、促进港口发展方式转变"这一主线，紧密结合宁波区位优势和港航后勤服务业发展的现实基础，通过广泛深入调研，审视了宁波港航后勤服务业发展中存在的主要问题，深入分析了宁波港航后勤服务业发展面临的形势，研究提出了新形势下宁波港航后勤服务业发展的总体思路、发展目标和促进宁波港航后勤服务业发展的对策建议，为浙江省、宁波市政府及港航管理部门加快宁波港航后勤服务业发展提供理论依据和决策支持。

第一节　研究的必要性

发展港航后勤服务业，是宁波现代化国际港口城市建设的重要内容。在当前港口转型升级与供给侧改革的大背景下，深入探讨宁波港航后勤服务产业的发展战略，有助于宁波实现打造国际港口名城、东方文明之都的城市目标，也有助于为港航后勤服务业与港口体系转型发展理论研究提供有价值的案例。

一、发展港航后勤服务业是世界港口演变的历史趋势

联合国贸易和发展会议将港口发展历程分为四个阶段。第一代港口是传统的港口，是单纯的运输中心。港口的功能以件杂货装卸为主。第一代港口的功能是商贸功能，吞吐量不大。从技术角度看，第一代港口多以人工装卸为主。近代开始，装卸作业逐步实现了机械化，机械化程度的提高水平是第一代港口发展水平的标志。第一代港口壮大港口业的途径是增加货源，尤其是中转货源，其主要措施就是依托良好的地理条件建立自由港区，这种通过自由港形式吸引

货源、壮大港口业务的模式到目前为止仍然是各国政府支持港口发展的主要政策措施之一。第二代港口的主要标志是港口增加了工业功能。临海工业为港口带来了极大的发展机遇。第二次世界大战后，西欧和日本从 20 世纪 50 年代开始在临海地区发展重化工业，西欧的主要大港，如鹿特丹、安特卫普、汉堡、马赛以及日本的神户、名古屋等综合商业大港均建成生产规模巨大的工业区。当时的临海工业主要是石油、钢铁等重化工业，以大进大出为主，所需原料量十分巨大，是散货运输发展最快的时期，在港口吞吐量中，散货成为港口业务的主要货种。这一时期也是港口吞吐量增加最快的时期。增加港口工业功能先在日、欧等发达国家开始，然后在新兴国家或地区发展，目前许多发展中国家仍在进行这个过程。第三代港口的重要特征是集装箱运输的出现和逐步完善。在发达国家 20 世纪 80 年代开始完成了临海工业区布局后，资源和环境问题出现并日益突出。集装箱运输的出现一定程度上解决了传统散杂货运输的问题，实现了门到门的多式联运，因此发展极快，并率先实现了国际通用标准。集装箱运输可以被认为是划时代的进步，它一方面是全球经济一体化推动的结果，另一方面也推动了全球经济一体化的进程。就港口而言，大力发展集装箱运输是港口进入第三代的唯一标志。20 世纪后期，发达国家的集装箱港口趋于成熟，原先建设的重化工业临海区日益面临环境与资源压力，居民对生活环境要求更高，第四代港口概念随之出现。第四代港口已成为连接世界性和区域性生产、贸易和消费的中心纽带，与经济腹地、所居城市的关系更加紧密。港口特色建设日趋明显，变被动发展为主动开拓、主动策划、积极参与各种经济活动。港口的城市功能日益突出。通过节能减排，恢复、重建海洋景观，建设国际展览中心等措施，使港口逐步成为市民的观光、休闲区。

伴随世界经济的不断发展和国际产业格局及结构的不断调整，20 世纪，全球范围内的港口都在经历着功能上的演变。经济全球化使市场的范围从一个国家扩展到整个世界，资本、技术、原材料、劳动力等资源根据比较优势，在全球范围内进行重新配合，并形成全球化的研发、制造、销售及服务的供应链。这一链条既起到合理配置全球资源的目的，又实现了世界各经济体间协同配合的目的。港口是全球物流链的重要环节，围绕港口系统发展形成港口航运产业链，是世界海运业发展的总趋势。在这一过程中，港航后勤服务产业得到了长足发展，服务功能不断拓展。港口货物吞吐量已不再是衡量港口竞争力的唯一指标，港航后勤服务能力开始在评价港口发展水平的指标中占据重要地位，多元化的港航后勤服务功能和高效的物流运作成为世界港口发展的重要趋势。

二、发展港航后勤服务业是宁波港口转型发展的必然选择

"十三五"是我国经济转型的关键时期，加快转变经济发展方式将贯穿经济社会发展全过程和各领域。积极推进"一带一路"倡议，实施港口供给侧改革，就是为加快转变港口发展方式，谋求新的经济增长点，推动港口经济又好又快发展而做出的战略定位。港航后勤服务业将在服务民生、拉动内需、实现低碳发展、转变港口经济发展方式上做出重要贡献。

近年来，宁波港口经历了多轮战略发展机遇。浙江海洋经济战略要求形成较为完善的"三位一体"港航物流服务体系，基本建成港航强省。"三位一体"港航物流服务体系建设进一步要求宁波积极建设生产资料交易服务平台，优化港口集疏运基础设施，深入推进港口合作机制，积极发展多式联运，完善港口物流供应链，加强航运金融服务创新，扩大投融资业务和渠道。国际强港战略提出强化大宗商品增值服务和集装箱运输规模支撑，由注重规模扩张转型向规模、质量、生态效益并重发展，加快宁波港口由交通运输港向贸易物流港转变、由世界大港向国际强港转变，努力打造现代化国际一流的深水枢纽港和大宗物资集散中心、亚太地区重要的国际港口物流中心和资源配置中心。增强货物吞吐能力，增强集疏运能力，提高港口现代化程度，增强综合服务能力，增强港口物流功能，增强港口资源配置能力，增强金融和信息保障能力，增强港城互动能力。由数量扩张转向数量、质量、效益并重发展，由码头装卸单轮驱动转向物流、贸易、金融等多轮驱动，由港口孤立发展转向港城一体化融合发展，由港口单点发展转向网络协同发展。"一带一路"综合试验区建设要求宁波以港口开放为主线，依托国际港航物流服务中心建设，推进多元、立体、无缝、绿色、安全、快速、智能化的综合交通运输体系建设，打造多式联运国际枢纽，扩大"海丝指数"影响力，强化供应链管理创新，增强国际资源配置能力，促进贸易物流联动发展。以宁波舟山港为龙头，着力做强"海丝指数"，探索设施联通新路径。提升"海丝指数"国际影响力，大力推进国际港口合作，完善对外交通通道网络，推动港航服务业高端化。

从海洋经济战略、国际强港战略到"一带一路"综合试验区建设，均要求宁波实现基础设施网络化、现代化，巩固宁波舟山港全球大宗商品枢纽港和集

装箱干线港地位，大幅提高港航后勤服务水平。由此可见，加快发展港航后勤服务产业，尤其是高端港航服务业，一直是贯穿宁波港口转型升级的核心元素。

三、发展港航后勤服务业是宁波打造国际港口名城的必由之路

港口作为国际运输的枢纽接口和国际经贸的支撑平台，其参与经济腹地的资源要素配置、综合物流配送的作用正在凸显出来。具有海陆两大辐射面的港口，不仅已成为链接世界性和区域性生产贸易和消费的中心纽带，而且开始成为主动策划和积极参与城市发展和转型升级的重要节点，港口与所在城市正呈现出规划、建设与布局一体化的发展趋势。以临港产业为城市产业主体的发展新模式，使整个港城交融在一起，密不可分。以往的"城以港兴"，发展成为"港即是城"。以港口为核心的现代化大城市，正在朝着建设世界性或区域性国际航运中心的方向阔步前进。与此同时，港口日益成为其所辐射区域外向型经济的决策、组织与运行基地。从区域性的产业布局、信息网络、人才供应到各类软硬件服务设施以及相关的政策法规体系，都在向港口倾斜和靠拢。这种经济协调发展的动向，在拥有广阔陆向经济腹地的港口所在区域中，表现得尤为明显，进而带动港口城市对港口腹地区域的经济影响和产业辐射。

随着产业结构不断优化，宁波已形成"二、三"并举的产业结构格局，进入服务业加速发展时期。因此在"十三五"时期，全市经济发展对运输总量的需求仍将保持较高的增长幅度，对运输的快速性、安全性、便捷性等质量的要求必将更高，从而促使港航后勤服务业由量变向质变发展。城市发展的转型升级要求宁波港航业加快转变发展方式，实现行业结构调整与优化，努力增强行业发展的内驱力，尽快向发展港航后勤服务业转变，以应对城市发展方式转变对港口发展提出的新需求。

为了进一步深挖港口潜力，助力宁波城市早日跻身全国大城市第一方队，宁波市委市政府确立了建设国际港口名城、打造东方文明之都的五年奋斗目标。其中，将国际港口名城的内涵界定为宁波舟山港世界强港地位确立，创新发展动能强、城市极核功能强、高端要素配置能力强的港口名城；港口经济圈与宁波都市圈互动融合发展，制造业创新中心、经贸合作交流中心、港航物流服务中心地位凸显的港口名城；综合实力进入全国大城市第一方队，发展水平比肩国际同类城市，具有较高国际知名度和影响力的港口名城。为了实现这个目标，发展港航后勤服务业是其必然的选择。特别是在东部新城国际航运服务集聚区

建成雏形的背景下，大力发展港航后勤服务产业将更能展现城市发展的新姿态，为新城建设和宁波城市形象提升书写浓墨重彩的关键一笔。

第二节 宁波港航后勤服务业的发展现状

港航后勤服务业的发展，其目的必然是为港口体系及其所在城市的产业所服务，港航后勤服务业的规划布局也要与其所在港口的发展模式和功能结构相适应。宁波港航后勤服务业的培育和发展，离不开巨大港口吞吐量的支撑，也离不开城市经济的支持。经历了几个世纪的港口演变和改革开放之后的快速发展，宁波港航后勤服务业已初具规模，形成了较为完整的服务产业链。

一、发展基础

宁波港航后勤服务业的蓬勃发展，依托于规模庞大的宁波港航产业。宁波的港口和航运业发展为宁波港航后勤服务产业的孵化和壮大提供了肥沃的土壤，也为其不断发展和创新提供了坚实基础。与此同时，宁波强大的外向型经济和大宗交易市场基础也为港航后勤服务业的发展提供了不竭的动力。

1. 港口条件

宁波港口的发展历史由来已久，是中国近代史上最早开放的五个通商口岸之一。经历了数百年的发展，宁波港口已扩展到北仑港区、镇海港区、甬江港区、大榭港区、穿山港区、梅山港区、象山港区、石浦港区等十多个港区，成为多功能、综合性的现代化深水大港，并逐渐发展成为我国最重要的原油、铁矿、集装箱、液体化工中转储存基地，华东地区主要的煤炭、粮食和散杂货中转储存基地。2016 年，宁波港域共拥有泊位 327 个，其中万吨级及以上 106 个，码头前沿最大水深 27.5m，是中国大陆大型和特大型深水泊位最多的港口。依托极为稀缺的水深条件，宁波港口吸引了众多的航运企业，取得了举世瞩目的成就。2016 年宁波港域集装箱航线总数已达 232 条，包括远洋干线 111 条，近洋支线 69 条，内支线 20 条，内贸线 32 条，月均航班 1555 班，基本形成了覆盖全球的集装箱运输体系。

与此同时，随着 2015 年宁波舟山港口合并的顺利完成，港口吞吐量屡创新高。2016 年，宁波舟山港货物吞吐量达 9.22 亿 t，同比增长 3.7%，居全球第一位。集装箱吞吐量达 2156 万 TEU，同比增长 4.5%，居全球第四位、全国第三位。其中，宁波港域完成货物吞吐量 4.96 亿 t，集装箱吞吐量 2069.2 万 TEU。宁波港口对国家重点战略物资的储备和运输保障能力进一步增强，在上海国际航运中心和全国港口中的地位和作用不断强化，服务长三角、服务中西部、服务全国经济贸易的能力显著增强。宁波港域货物吞吐量情况和集装箱吞吐量情况见图 6-1、图 6-2。

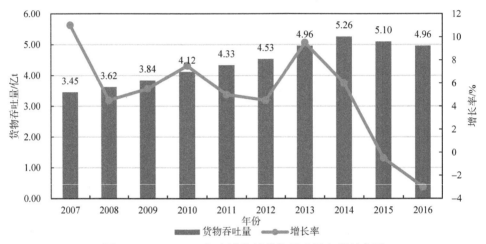

图 6-1　2007~2016 年宁波港域货物吞吐量和增长率图

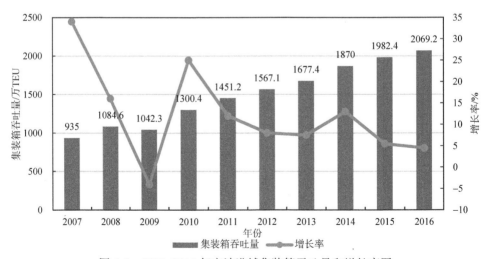

图 6-2　2007~2016 年宁波港域集装箱吞吐量和增长率图

2. 航运条件

宁波是名副其实的航运大市,在近代史上曾经涌现过多位世界级的"船王"。2016 年,宁波市已拥有航运企业 141 家,其中货运企业 130 家,客运企业 11 家。拥有营运运输船舶 632 艘,总运力 734.1 万载重吨,占全省运力三成,其中沿海船舶 570 艘,内河船舶 62 艘。运力结构不断优化,"大、特、新"运力成了航运业的主力军,沿海货船平均吨位超过 12 000 载重吨,万吨级以上营运船舶达 191 艘,占比超过总运力的 89%,平均船龄降低到 10 年。与此同时,世界排名前 20 位的船公司均已落户宁波。

在货运量方面,2016 年宁波全市共完成水路货运量 1.83 亿 t,同比增长 8.7%;完成水路货物周转量 1902 亿 t·km,同比增长 5.69%。其中,远洋货物运输量 516 万 t,沿海货物运输量 1.76 亿 t,内河货物运输量 151.9 万 t,沿海货物运输量占据绝对比重。在集装箱运输方面,2016 年宁波全市共完成远洋集装箱运输量 17.94 万 TEU,沿海集装箱运输量 228.5 万 TEU,相对港口吞吐量来说,规模较小。宁波市水路货物运输量和周转量具体情况见图 6-3。

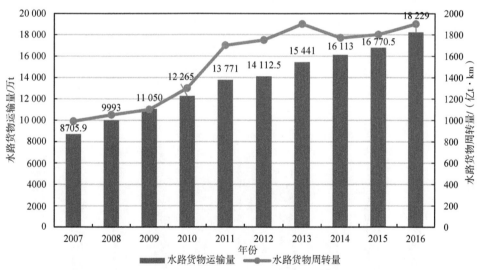

图 6-3　2007~2016 年宁波市水路货物运输量和周转量图

3. 商贸条件

宁波是中外闻名的商埠,商贾云集,海上贸易十分发达。宁波商帮是中国近代史上最大的商帮,位列中国传统"十大商帮"之一,在中国商业发展史上起到了巨大的作用。2016 年，宁波全市批发和零售业完成商品销售总额 1.97 万亿元，比上年增长 11.4%；完成社会消费品零售总额 3667.6 亿元，增长 10.3%，全市限额以上贸易企业达 4068 家。宁波市社会消费品零售总额具体情况见图 6-4。

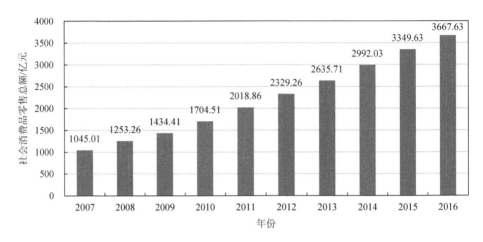

图 6-4　2007~2016 年宁波市社会消费品零售总额变化图

在对外贸易方面，2016 年宁波全市进出口总额已达 1.17 万亿元，外贸自营进出口额达 6262.1 亿元。其中，机电产品出口额占全市出口总额一半以上。贸易伙伴遍及 223 个国家和地区，欧盟、美国、东盟、拉丁美洲的贸易额占比分别为 21.6%、18.2%、8.6% 和 7.4%。宁波市对外贸易具体情况见图 6-5。

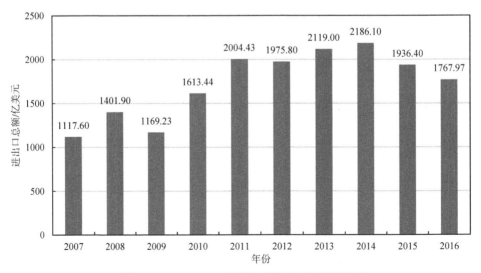

图 6-5　2007~2016 年宁波市进出口总额变化图

二、发展特征

依托良好的港口、航运和商贸基础，宁波港航后勤服务业得到了快速发展。而宁波市政府在政策扶持方面也不遗余力，促使港航后勤服务业逐渐形成产业集聚、结构升级的发展趋势。宁波港航后勤服务业的产业发展特征具有如下特点。

1. 产业区域空间集聚

宁波港航后勤服务业经过长期的发展，产业要素区域集聚趋势较为明显，已逐渐形成宁波东部新城服务区和梅山保税港区服务区两个重要集聚中心。

宁波东部新城航运服务集聚区是宁波市政府重点打造的航运板块。目前，集聚的航运物流类企业已达 1200 余家。区域内的环球航运广场是宁波现今第一高楼，汇聚了众多的港航、物流、贸易等国际著名企业。2008 年建成的国际航运服务中心是宁波口岸大通关与综合政务窗口服务平台，入驻了宁波海关、宁波出入境检验检疫局、宁波海事局、宁波市政府口岸与打击走私办公室、宁波现代物流规划院以及大量的货运代理、船舶代理、报关报检企业。此外，集聚区内还拥有浙江省唯一从事船舶入籍检验业务的中国船级社浙江分社等常驻机构，形成了特色楼宇林立、服务机构分支总部集聚的产城融合良好格局。2016年，宁波东部新城航运产业集聚区的航运总部经济规模已超 230 亿元，长江三角洲地区的航运物流集聚高地雏形渐成。

梅山保税港区是另一处宁波港航后勤服务业集聚区。梅山保税港区地理资源优越，具备建设深水码头的天然条件，全岛四面环海，适合封闭式开发管理。梅山保税港区以国际中转、国际采购、国际配送、国际转口贸易、保税加工和保税物流等保税港区功能为主导，以商品服务交易、投资融资保险等金融贸易功能为辅助，致力于打造具备生产要素聚散、重要物资中转等现代功能的国家重要区域性配置中心。自 2010 年 6 月正式封关运作以来，梅山保税港区的功能不断完善，吸引了众多的港航产业资本。2011 年梅山国际物流产业集聚区获省政府批准成立，2015 年宁波国际海洋生态科技城签约成立，站在港口改革最前沿的梅山正不断释放政策红利。此外，梅山在金融、教育、文化等领域的发展势头也相当迅猛。2017 年，梅山类金融产业注册资本超万亿元，已成为全省乃至全国资本密度最高、发展潜力最大的金融创新区域之一。宁波大学海洋科教园、麻省理工供应链创新学院、宁波海洋研究院等一批高校和科研机构相继成立,依托中国港口博物馆的港航文化旅游产业日渐成熟。

随着"一带一路"综合试验区等一批政策的相继落地,宁波港航后勤服务业的双中心格局将不断强化。

2. 服务产业门类齐全

依托宁波港口的国际地位和影响力,宁波的港航后勤服务业得到了持续发展的货流基础。经过数十年的港口发展,宁波港航后勤区域已形成门类齐全的港航后勤服务全产业链,涵盖了上游、中游、下游的全部产业环节。

在航运辅助业方面,2016年宁波全市共拥有国际船舶运输公司15家,国际船舶代理公司52家,国际船舶管理公司6家,无船承运人企业494家,外商独资船公司14家,航商驻宁波办事处37家。拥有经营国内船舶管理业务的企业18家,其中2家为专业船舶管理公司,管理船舶主要以散货船为主。拥有船舶港口服务企业54家,港口拖轮企业5家,港口理货企业2家。

在船舶修造及配套服务方面,2016年宁波共有船厂63家,其中能修造3000吨级以上船舶的船厂20家。主要产品为各类货船、集装箱船、工程船、化学品船、沥青船、LPG石油平台供应船等。船舶修造业主要集聚于北仑港船舶修造区、象山港船舶修造区和石浦港船舶修造区三大船舶工业集聚区,初步形成国内重要的大中型船舶修造中心基地。船舶修造业已经初步实现升级换代目标,造船模式不断改进,船舶产品不断开发,不断升级,产品附加值不断提高,大吨位船舶、特种船舶成为宁波造船业的主导产品。2016年,宁波全市共有船用产品企业16家,以柴油机为龙头,以救生设备、配电及控电设备为主,其他船用产品正在逐步发展。此外,还拥有船舶中介检测机构12家,船舶设计公司7家。

在船舶交易方面,宁波船舶交易市场是全国第一批7家船舶交易服务机构之一,是宁波航运交易所建设的专业市场之一,经营范围目前已涵盖了船舶代理买卖、市场投资经营、船舶设计、船用技术开发、船舶进出口代理、船舶拍卖等10多项服务内容。2016年宁波船舶交易市场共有27艘船舶进场交易,其中干散货船9艘,液货船10艘,其他船舶8艘,各类船舶均有一定询盘。全年宁波海事法院船舶及相关标的物成交34项,成交额为2.1亿元。

随着港航供给侧改革的不断推进,以传统服务业为主的宁波港航后勤服务业也将不断实现结构优化,以补齐在港航全产业链中的短板,提升港航后勤服务业的整体竞争实力，适应宁波建设国际港口名城的需要。

3. 物流体系日趋完备

随着港口吞吐量的持续增长，对宁波港航后勤区域的交通、物流要求越来越高。保障运输通道的安全不仅是港口发展的内在要求，也是关系到民生问题的大事。因此，宁波市历届政府都十分重视港航物流服务体系的建设。

宁波公路运输便捷，绕城高速、杭甬高速、甬金高速、甬台温高速、杭州湾大桥、金塘大桥和象山港大桥等构成"一环六射"的高速公路对外通道，大榭疏港高速、穿山疏港高速将主要港区与高速路网无缝连接。铁路动脉畅通，直达码头前沿，通过萧甬线与全国铁路网络联成一体。目前，已经构成相对完善的以港口为龙头，以铁路、高速公路、国省道主干线为骨架，整合水公联运、江海联运、水水中转、海铁联运等多种运输方式的集疏运网络。

为了缓解公路的集疏运承载压力，近年来宁波还积极推动海铁联运的发展。2016年，宁波集装箱海铁联运箱量完成25.04万TEU，同比增长46.9%。已先后开通宁波至义乌、温州、衢州、上饶、鹰潭、南昌、新余、景德镇等26个城市的集装箱海铁联运业务，宁波港口内移化趋势进一步加深。内陆无水港达到13家，正常运行班列线路达10条，海铁联运战略效应正逐步凸现，初步形成了以"无水港"为点、海铁联运专列为线、内陆腹地为面的物流网络布局，实现了内陆"无水港"与"海港"的无缝对接。

与此同时，随着宁波栎社机场扩建工程的不断推进，海、铁、公、空多式联运方式相对协调发展的集疏运综合交通运输网络将持续得到改善，为宁波港航后勤服务业的进一步发展扫除了物理障碍。

4. 高端产业发展快速

高端港航后勤服务一直是宁波港航服务链的短板，也是制约宁波建设成为有国际影响力的港航物流服务中心的重要因素。近年来，随着宁波城市的不断转型升级，东部新城航运服务集聚区已汇聚了船舶管理、咨询认证、海事法律、航运金融等中高端港航后勤服务资源，高端航运要素和机构不断集聚，产业发展持续发酵。

在海事法律服务业方面，宁波处理海事海商纠纷的机构有宁波海事法院和中国海事仲裁委员会宁波办事处。中国海事仲裁委员会于2005年在宁波设立了办事处，但是海事仲裁的工作力量目前还是非常薄弱。宁波海事法院专门管辖浙江省所属港口和水域（包括所辖岛屿、所属港口和通海的内河水域）内发生的一审海事海商案件。2016 年，宁波海事法院共受理各类海事、海商案件 6116件，收案标的金额 72.34 亿元，收案数占全国海事法院总数的 21.23%。办结 6337件，结案标的金额 58.21 亿元，收、结案数居全国海事法院首位。为方便当事人诉讼，宁波海事法院先后于 1996 年、2003 年和 2005 年在温州、舟山和台州设立派出法庭或巡回法庭。受理案件的类型不断扩展，涉及船员劳务合同纠纷、海上货物运输合同纠纷、海上人身损害赔偿案件、船舶租用合同、船舶建造买卖修理拆解合同、船舶抵押合同和海上保险合同等 50 余种类型。海事司法鉴定机构尚有所欠缺，海事法院遇到诉讼中的专门性问题时，往往只能委托一些行业鉴定机构进行鉴定。有关金融、航运的法律服务仍以国内业务及诉讼为主，缺乏非诉讼的涉外项目；律师队伍缺乏国际性诉讼和仲裁的经验，特别是海事海商方面的法律服务经验，从事海商海事专业律师较少，其中能够从事船舶融资、船舶金融、船舶碰撞和非诉讼高端业务的律师更少。

在航运金融服务业方面，受制于担保、救助、定损等方面能力的限制，宁波船舶及相关业务保险规模发展速度较缓慢。银行主要提供的是与进出口贸易、船舶购置、港口建设相关的融资、结算汇兑和以货运、财产保险为主的传统金融产品。船舶融资的形式主要是船舶抵押贷款和保函。航运金融产品未形成系统化、专业化的产品链，缺少专门从事航运金融的部门和专业人才。国际上现有的大型船公司在宁波开展航运服务，所设立的分支机构主要从事货源的组织，而其船舶融资、船舶保险以及资金的结算管理等业务全部安排在境外。国内中资大型船公司的船舶融资、船舶保险也大都在境外运作。由于缺乏专业的船舶融资租赁公司，不利于通过多种形式开展船舶租赁，中小企业难以获得贷款或融资优惠。近年来，宁波航运金融产业发展也获得了一定的突破。2016 年，东海航运保险股份有限公司正式对外营业，标志着宁波在航运金融领域又开拓了新的市场。

此外，宁波航运交易所打造的"海丝指数"已经成为宁波港航的一张靓丽名片。2015 年，海上丝路宁波出口集装箱运价指数（NCFI）在波罗的海交易所官网发布，标志着中国航运指数首次走出国门。

5. 平台建设持续完善

宁波港口物流公共信息平台建设处于全国前列水平。近年来，乘着国内电子商务迅猛发展的东风，宁波港航后勤服务市场涌现出一大批政府主导和企业自发的港航服务类平台。其中有代表性的如宁波国际物流发展股份有限公司、宁波航运交易所等政府主导型企业旗下的各类政府服务和航运交易平台。

宁波电子口岸是协同电子政务和电子商务于一体的区域性综合物流信息平台，提供外贸物流行业的业务协同处理和电子信息交换服务。电子口岸不仅可以有效落实海关、国检、海事等政府部门的政务监管职能，还可以通过整合贸易服务资源，打通政务商务连接通道，提供全物流链的协同服务。目前，宁波电子口岸已成为全国地方电子口岸建设的一面旗帜，有效提升了宁波口岸的通关效率。四方物流市场是以物流在线交易和物流协同管理为核心服务的综合物流应用服务平台。平台不仅可以提供完善的物流信息，整合社会物流资源，还可以通过提供物流金融服务和物联网应用服务降低港航物流运营成本，提供供应链解决方案。宁波航运交易所旗下的订舱平台和船舶交易市场则直接提供了货运订舱和船舶买卖的平台，通过电子商务应用，航运市场交易更为透明、便捷。

此外，市场上还有一批诸如大赢家国际物流信息平台等民营港航物流信息平台，为宁波港航市场注入了新鲜活力，也为中小港航物流企业发展提供了机遇。

第三节　宁波港航后勤服务业发展的 SWOT 分析

一、宁波港航后勤服务业发展的优势分析

1. 港口外部发展条件利好

随着"一带一路""长江经济带""中国制造 2025""互联网+"等一系列国家战略的深入推进，国家积极构建开放型经济新体制的步伐正在加快，宁波港航后勤服务业也将迎来新的增长期。2016 年 4 月，国务院批复同意设立舟山江海联运中心，舟山群岛新区建设加快推进，为宁波舟山港的发展带来长期利好。国家战略的支持、外部发展环境的改善以及政策红利的持续释放，将为宁波港航后勤服务业的发展营造良好的外部环境，有助于产业内部的转型升级。

2. 浙江港口管理体制改革创新

2016年，在浙江省委、省政府的支持下，宁波舟山港实质性一体化整合全面完成，标志着宁波舟山港已真正成为一体化的国际大港，距离全球一流的现代化枢纽港和全球一流的港口运营企业的目标更进一步，港口资源的整合得以实现。宁波舟山港是浙江省港口管理体制改革创新的实施主体和实践者，通过实质性一体化整合，实现了两港的利益共享，充分调动了双方的积极性，也为整合省内其他港口发挥了示范作用。新的港口管理体制将为统筹开发宁波舟山港口区域乃至全省优质港口资源岸线，提升发展能级，实现可持续快速发展提供经验，也为港航后勤服务业的资源整合扫除了障碍，有助于港航后勤服务企业的业务整合和发展。

3. 港口区位优势独特，自然条件出色

宁波港口地处我国南北海运和长江东西水运的"T"型航线交汇点，与上海港位于杭州湾大湾区两侧，隔湾相望，互为犄角，地理位置优越。对外紧邻国际主航道，航线可辐射东亚及整个环太平洋地区，对内通过长江江海联运，可辐射长江经济带沿线城市。随着杭州湾大桥的建成，以及未来的杭州湾铁路桥建设，进一步缩短了宁波与上海的时空距离，以便于宁波吸纳上海的经济红利。与此同时，"上海—杭州—宁波"构成的杭州湾大湾区三角路网格局将不断强化，从而促进宁波由端点城市演变成通过式的区域中心城市，进一步增强宁波港口的区位优势。而宁波港口自身拥有极为优越的港口资源条件，是不可多得的深水良港，加之有舟山群岛作为天然屏障，避风条件极好，受气候影响较小。随着杭州湾大湾区交通状况的不断改善，宁波港口以及港航后勤服务业也将获得更大的区位红利。

4. 港口集疏运条件优越，物流通畅

随着船舶朝大型化方向发展，对港口的后方集疏运提出了更高的要求，需要港口的后勤区域能够承载更高的货流强度。宁波港口具备各主要货种全球最大船型的靠泊能力，这便要求其具有相应的集疏运能力。目前，宁波港口已拥有全球领先的码头基础设施、作业能力和服务效率，拥有完备的综合货物处理体系及配套设施，以及健全和完备的水陆交通运输体系，多条高速公路直达港

区，水路转运体系发达，港口后方集疏运畅通快捷，能够为客户提供便捷、高效、优质、多元的转运服务。经过数十年的物流网络建设，宁波港口已初步形成水、公、铁、空、管等多种运输方式立体协同的集疏运网络体系。与同在长三角的上海港口相比，宁波港口的铁路集疏运条件优越，铁路动脉畅通，海铁联运优势明显。铁路网络可直达主要港区，并联通全国铁路网络。目前，宁波港口正大力推进镇海大宗货物海铁联运国际枢纽港建设，利用已在多省市建成的"无水港"，将腹地范围拓展到内陆地区，集疏运能力持续提升。在省内，业已形成以宁波舟山港为主体、以浙东南沿海港口和浙北环杭州湾港口为两翼、联动发展义乌陆港及其他内河港口的"一体两翼多联"的港口集疏运体系。随着综合集疏运条件的不断优化，也为宁波港航后勤服务业的市场空间拓展提供了便利。

5. 港口和航运主业发展强劲

宁波港口和航运业发展具有"起步早、基础好、发展快、空间大"的特点，经过数十年的跨越式发展，已具有相当大的发展规模，国际地位不断提升，国际竞争力显著增强，形成了较强的集聚力和辐射力。近年来，港口和航运主业的强劲发展带动了航运要素的加快集聚，为进一步拓展航运产业链、推动高端港航后勤服务业的发展奠定了坚实基础。随着宁波港口转型升级和现代航运服务业发展的不断加快，将进一步强化其在上海国际航运中心建设中的地位，也进一步提升港航后勤服务业的发展高度。

6. 各级政府的大力支持

国家对宁波港口的发展寄予了厚望，2017年，宁波被浙江省确立为"一带一路"建设综合试验区，要求以宁波梅山新区为核心载体，以港口互联互通、投资贸易便利化、产业科技合作、金融保险服务、人文交流为重点，积极打造"一带一路"港航物流中心、投资贸易便利化先行区、产业科技合作引领区、金融保险服务示范区、人文交流门户区。宁波市第十三次党代会也明确了建设国际港口名城、打造东方文明之都的城市发展目标，力争打造创新发展动能强、城市极核功能强、高端要素配置能力强的国际港口名城。各级政府的政策扶持必将为宁波港航后勤服务业的发展打开新的局面。

二、宁波港航后勤服务业发展的劣势分析

1. 港口物流功能有待进一步提升

目前宁波的港口物流已占到宁波市物流业总产值的 70%，总体规模相当庞大。然而，港口物流的总体水平并不高，亟须通过转型升级提升服务能级。现代物流观念弱，物流组织化程度低，物流企业规模小，物流人才匮乏等问题较为突出。而作为港航后勤服务业的核心产业，物流业的发展不足将严重制约港航后勤服务业的整体发展水平。为此，亟须树立创新驱动的发展观念，鼓励港口物流企业向高、大、专方向发展，实现从低端向高端的蜕变升级，通过并购重组拓展多层次宽领域市场，提高产业附加值，从而提升行业发展的总体水平。

2. 海铁联运亟须破解瓶颈

尽管宁波已经开通了内陆多个城市的海铁联运业务，发展成效正在逐步凸显。然而，在海铁联运的推进工作中，依然存在较多问题。就目前的网络分布来看，海铁联运的覆盖范围依然较少，不足以支撑宁波港航后勤服务产业的持续发展。铁路运力紧张，配套设施不全，运输中转手续与环节冗杂、运输时间较长等客观问题依然未能有效解决，制约了海铁联运优势的充分发挥。另外，铁路价格机制不合理，也导致了铁路运输价格优势并不明显。为此，还需进一步破解相关瓶颈，提升海铁联运效率，为宁波港航后勤服务业的发展开拓更大的市场空间。

3. 大宗商品交易市场还需强化

大宗商品交易市场是港航后勤服务业的重要服务对象，大力发展大宗商品交易是提高港口中转量的重要手段。宁波的大宗商品交易市场和平台建设开展较早，至今已有一定基础和发展规模。然而，由于受到土地、经营资质指标等的限制，不少交易平台规模依然偏小，无法发挥资源配置的作用。同时，大宗商品交易市场与后勤服务企业间的融合协作还较弱，还无法适应经济全球化的趋势，达到承接产业转移的要求。为此，还需要积极争取国家层面的政策扶持，进一步提高大宗商品交易市场的交易规模，以支持港口的中转业务和港航后勤衍生服务的拓展。

4. 产业结构亟待改善

就目前港航后勤服务业的发展结构来看，虽然宁波的港航后勤服务产业链较为完整，但结构失衡状况并未改观。船舶交易、船舶管理、航运经纪、船舶融资、航运保险、航运咨询、航运仲裁等中高端港航后勤服务产业的发展与上海相比依然滞后，高端航运要素集聚依旧不足。目前，宁波的多数银行没有设立专门的航运金融部门，也没有专门以航运金融服务为主业的金融机构。大部分银行的航运金融业务局限于船舶购置、与港口建设相关的融资以及以货运、财产保险为主的传统金融产品，无法为客户提供个性化、增值型的航运金融服务。产品服务的单一也在一定程度上扩大了宁波港航业的行业风险。在海事法律服务方面，需要进一步重视海事法律服务体系建设，完善海事法律服务环境。例如，目前中国海事仲裁委员会虽有驻甬机构，但因其没有得到足够重视，基本没有业务。

5. 专业人才短缺严重

在宁波的高端港航后勤服务产业领域，普遍存在人才不足的困境。以航运金融服务为例，银行无法提供有效的航运金融产品，主要的原因是缺乏相关的专业人才，无法有效评估产品与标的的可靠性，因此为了避免风险而放弃相关市场。同样的问题也存在于海事法律服务等其他高端港航后勤服务领域，这与宁波国际大港的地位极不匹配，应当引起城市管理决策者的充分重视。

三、宁波港航后勤服务业发展面临的机遇

1. "一带一路"倡议给宁波港航后勤服务业发展带来提升机遇

"一带一路"倡议是党中央、国务院基于现今的国内外发展环境，为拓展国际发展新空间，开创对外开放新格局，促进地区经济发展而制定的重大战略部署。宁波是实施"一带一路"倡议的桥头堡，也是"一带一路"倡议的坚定实施者。推进"一带一路"倡议，宁波有自身的优势。宁波经济的外向度很高，货物贸易、服务贸易的发展规模较大，处于全国前列位置，是我国国际贸易的重要有生力量。宁波在民间境外实体经济投资、境外合作园建设、境外经贸生态圈建设方面都有不少建树。宁波舟山港是全球第一大港、第四大集装箱干线港，与"一带一路"沿线国家有着广泛的货运往来。现今，宁波港口正处于转

型升级的关键时刻，"一带一路"是宁波破解港口转型难题，拓展港航后勤服务业发展新空间的重要途径。为此，宁波应抢抓机遇，大力推进国际航运服务集聚区建设，对接"一带一路"沿线国家的航运产业，充分发挥宁波保税区、梅山保税港区、宁波东部新城航运产业集聚区的资源优势，大力提升宁波港口开放合作水平。利用"一带一路"提供的大平台，增强全球资源配置能力，破除区域发展的局限性，巩固国际枢纽港港口地位，使宁波港航后勤服务业发展再上新台阶。

2. 腹地经济增长为宁波港航后勤服务业发展提供不竭动力

宁波港口的直接经济腹地为浙江省内，间接经济腹地涵盖包括整个长江经济带的广袤内陆。宁波港口的腹地是中国经济最发达和最有潜力的区域，经济发展稳定，增长势头强劲。目前，中国已成为世界第二大经济体，GDP 总量仅次于美国，且保持着较高的经济增速。在现有的国际经济和产业分工格局下，宁波港口腹地未来的大宗商品需求依然将保持较大规模，从而支撑宁波港口货物吞吐量的持续增长。与此同时，国家对中西部地区经济发展的大力支持，也将扩大内陆地区对海运货物的需求，从而为港航后勤服务业的发展带来机遇。而就浙江经济来看，省政府提出到 2020 年生产总值、人均生产总值、城乡居民收入均比 2010 年翻一番，产业迈向中高端水平，率先进入全国创新型省份和人才强省行列。这一目标的顺利实现，必将对港口和港航后勤服务业发展提出更高的要求，港口货运量需要承载经济体量的增长，港航后勤服务业的产业结构也需要符合向中高端水平迈进的目标。

3. 长江经济带战略实施为宁波港航后勤服务业发展提供更多货源

长江流域是长三角港口群的主要纵深腹地，服务长江流域经济发展是长三角港口群建设的重要任务。随着长江经济带战略的不断推进，长江沿岸城市的货运需求将持续释放。目前，长江口的江苏各港口已率先受益，内河货运量猛增。而宁波港口是长三角港口群的核心港区，拥有承接长江江海联运的地理优势，随着舟山江海联运服务中心地位的确定，宁波舟山港必将加速对长江经济带各城市的战略布局，提升港口辐射能力。与此同时，长江经济带沿线的海铁联运布局与"无水港"建设也将加快，江海联运、海铁联运双轮驱动的腹地战略将稳步推进。为了进一步增强港口的竞争力，使宁波港口在长江经济带腹地竞争中占据有利位置，必然要求港航后勤服务业发挥积极作用，成为区域港口竞争中的重要力量。

4. 推进全面开放新格局要求提升港航后勤服务业的国际影响力

党的十九大报告提出要推动形成全面开放新格局。面对当前国际上存在的贸易保护主义抬头的趋势，党中央明确了开放发展的新理念，主动参与和推动经济全球化进程，发展高层次的开放型经济，提升综合国力和国际竞争力。作为站在对外开放最前沿的港口城市，理应走在全国的前列。宁波的港航后勤服务业应当以"一带一路"沿线国家为突破点，扩大国际"朋友圈"，积极拓展分支机构和服务网络，通过与沿线国家强化业务合作，不断加强互联互通，助力国际枢纽港建设。同时，学习借鉴伦敦、新加坡等城市的高端服务业发展经验，抓住港口产业转移的历史性机遇，争取在高端港航后勤服务领域实现突破，形成对区域乃至全球的影响力。

四、宁波港航后勤服务业发展面临的挑战

1. 港口面临的国际竞争加剧

尽管近年来宁波港口的国际地位和竞争力不断提升，但其面临的国际竞争日趋激烈。目前国际港口之间的竞争方式不再是靠优化扩大港口硬件设施和通过能力，其在更大程度上依靠于港口软环境和服务功能的提升。竞争也表现为全方位、高层次、涵盖多部门的综合竞争。就宁波港口所处的区域港口格局而言，东亚诸港的相互竞争仍比较激烈。虽然日韩港口在 21 世纪基本上已被中国港口彻底超越，但其对港口振兴的雄心依然不减。中国贸易运输增长迫使东北亚的各大港口正在纷纷调整自己的战略目标和营运方针，以适应中国海上的运输需求。釜山港正积极推行自由港政策，强化政策优势，并着力筹建新港区，挖掘新的港口吞吐量增长点，其目标是要建成 21 世纪环太平洋中心。日本的港口也正积极推动建设"亚洲母港"的战略。此外，香港、新加坡等区域老牌自由港也纷纷加强综合服务体系建设，利用其在增值服务领域的优势和便利的金融政策，争夺货源。为此，如何缩小与区域大港间在港航后勤服务领域的差距就显得尤为重要。

2. 港口面临周边港口的竞争压力

长江三角洲地区港口密布,各港各货种泊位齐全,不少港口功能相近,业务雷同,又享有同样的区位优势,因此港口间的竞争趋于同质化。近年来,宁波周边的主要港口城市相继获得国家扶持政策。上海、舟山相继设立自由贸易区,对宁波航运服务业发展带来巨大冲击。就目前的港口群内部来看,宁波港口不仅面临上海港的巨大竞争,也面临区域内小港的业务分流压力。宁波港口与上海港既是合作又是竞争的关系,上海港是上海国际航运中心主体港口,凭借地缘优势、金融中心的独特地位,以及日趋完善的集疏运体系,其经济腹地覆盖了长江三角洲地区以及整个长江经济带。上海港虽然岸线资源有限,但发展基础好,国际影响力大,又有良好的城市产业依托,一直保持在集装箱吞吐量领域的巨大优势。随着自贸区等国家政策的不断推出,其在政策领域的优势将持续释放,国际航运中心的地位将不断强化。近年来,上海国际航运中心北翼的江苏港口发展速度明显加快,集装箱吞吐量增幅居长江三角洲地区乃至全国之首。苏州港、连云港港及沿长江的主要港口依托长江经济带建设,大宗货物吞吐量持续增长。随着港口基础设施建设的不断改善和深水航道疏浚,长江沿线港口船舶大型化步伐不断加快,运输组织、航线布局将发生重大变化,连接长江流域的港口大宗散货和集装箱运输格局面临重塑。在此背景下,宁波港口如何找准自身在上海国际航运中心的地位,通过提升港航后勤服务功能,积极参与港口群的内部分工,拓展港口腹地就值得深思。

3. 高端港航后勤服务业发展空间受限

就目前的发展现状来看,宁波港口货物吞吐量的国际地位已十分稳固,并且依然保持着较快的增长速度。而在港航后勤服务领域的发展水平则参差不齐。以运输仓储为代表的物流领域相对较为成熟,基础设施建设也较为完善。而以航运金融、海事法律等为代表的高端港航后勤服务产业发展则十分薄弱。与此同时,该领域由于不受地域和吞吐量的制约,老牌航运强国一直占据着绝对控制地位。如伦敦在航运金融和法律方面的业务依然保持较高的比例。近年来,新加坡由于实体航运业务受到冲击,也加大了对高端港航后勤服务业的扶持力度,发展迅猛。就国内而言,上海依托其金融中心和航运中心的地位,牢牢占据了国内高端港航后勤服务领域的统治地位,并被寄予赶超伦敦的厚望。因此,与上海空间距离如此接近的宁波若想要发展高端港航后勤服务产业，难度十分巨大。

4. 国内外经济环境不稳对宁波港口和相关服务业发展带来冲击

自2008年金融危机以来，波罗的海干散货综合运价指数（BDI）持续走低。大量航运企业陷入生存困境，面临倒闭的危险。究其原因是需求增速放缓、市场运力严重过剩、企业成本大幅上升。由于造船订单的延迟性，航运业的供大于求还将持续较长时间。而当前，全球正处于美元加息周期之中，各国的金融与经济稳定面临挑战。特朗普政府推行的贸易保护主义政策在一定程度上又对港口物流发展起到负面影响。随着国际贸易摩擦的不断加剧，港口的货物吞吐量将受到制约，贸易和货运纠纷将增加。航运业的低迷直接导致航运服务业的不景气，并影响航运服务企业的经营信心。从国内经济来看，人民币汇率的走强也制约了外向型企业的发展，企业面临转型升级。这一方面冲击了传统港航后勤服务业的发展，另一方面也对港航后勤服务提出了新的要求。如何应对产业转型，提供更多的增值服务需要宁波港航后勤服务业认真应对。

第四节 加快宁波港航后勤服务业发展的总体思路

在当前的国内外环境下，宁波要进一步提升港口的国际地位，就必须加快港航后勤服务业的发展，从而实现港口产业的转型升级，提升港口的国际竞争力，实现建设国际港口名城的城市发展目标。

一、宁波港航后勤服务业发展的指导思想和基本原则

（一）宁波港航后勤服务业发展的指导思想

贯彻落实党的十九大精神和习近平新时代中国特色社会主义思想，深入实施打造"名城名都"的决策部署，坚持创新、协调、绿色、开放、共享的发展理念，借助"一带一路"、长江经济带、江海联运服务中心、自由贸易区等国家重大战略的实施契机，以建设全球一流的现代化枢纽港为依托，以发展高端港航后勤服务业为突破，主动适应新常态、把握新常态、引领新常态，充分发挥宁波港口的综合优势，巩固提升港口和航运主业，重视培育港航后勤服务企业，通过创新驱动发展，促进要素空间集聚，推进产业转型升级，助力建设国

际港口名城、东方文明之都。

（二）宁波港航后勤服务业发展的基本原则

1. 港航引领、科学发展的原则

发展港航后勤服务业要以港口和航运为核心，以培育和扶持相关行业企业发展为抓手，拓展港航后勤服务产业链，全面统筹港航服务集聚区、综合立体交通布局、物流园区与无水港建设、口岸环境建设、公共信息平台建设等方面，形成以港口和航运业为依托的特色港航后勤服务产业体系，以港航主业为统领，航运金融、法律等为突破，推动港航后勤服务产业健康发展。

2. 优势互补、合作共赢的原则

抓住上海国际航运中心建设的机遇，积极开展与长江三角洲地区各城市的深入合作，努力形成区域产业竞争力。充分发挥各城市资源、货源、产业、人才等方面的优势，加强产业协作，实现优势互补，在保障整体利益提升的前提下，最大限度实现互利共赢。特别是沪甬两地，都拥有世界级的大港，互补优势更为明显，应进一步制定合理的协调机制，有效发挥上海的政策优势，实现差异化发展、一体化发展，提升本地区港航后勤服务产业的全球竞争力。

3. 政府引导、市场运作的原则

要在学习借鉴国内外港航后勤服务业发展经验的基础上，充分发挥政府在规划制订、市场监管、项目协调、政策扶持等方面的引导作用，努力营造良好的产业发展环境，强化市场、企业在各细分服务产业发展中的主导作用，努力形成政府、市场的良性互动机制，为港航后勤服务企业发展创造更好的经营条件。

4. 创新包容、协调联动的原则

创新商贸物流服务模式，完善商贸物流服务功能，提高港口商贸、物流资源整合能力和利用效率，不断促进港航后勤服务业与临港产业、专业市场、国际贸易等协调发展。创新港航后勤服务基础设施的建设、管理、运营机制，加快宁波东部新城、梅山保税港区等航运服务集聚区建设，吸引更多的国内外商贸公司、船公司、物流公司、物流投资商、物流金融企业入驻，加快培育航运金融、海事法律、物流科技等领域的高端港航后勤服务企业，提升高端产业集聚度。

5. 强化优势、主动争取的原则

进一步发挥宁波港口深水资源等综合优势，加快宁波港口建设和航运服务业发展，以港口和航运量化成果的积累，带动港航后勤服务业发展。积极参与相关政策研究、业务协调、合作交流等活动，在区域港航后勤服务产业发展和上海国际航运中心建设的各个阶段发挥更为积极的作用，提升地区影响力，争取更为有利的产业政策，分享自贸政策红利。

6. 全程服务、信息整合的原则

以企业需求为导向，树立全产业链服务的发展理念。创新在物流、金融、法律、科技等领域的服务模式，通过提供多元化的服务，满足企业全方位的后勤服务需求。通过多种渠道，整合港口物流资源，促进企业、机构、政府部门间的信息互联互通，尽快构筑畅通、高效、便捷的交流和交易途径，提高经营运作效率。

二、宁波港航后勤服务业发展的科学定位和发展目标

（一）宁波港航后勤服务业发展的科学定位

宁波港航后勤服务业发展的基本定位，应以港口和航运发展为依托，把港口和航运产业链向两端拓展，推动形成以传统港航后勤服务业为根本，高端港航后勤服务业为突破的产业发展结构。产业发展不仅要重视与城市发展的互动，也要重视与上海间的互补、错位，形成有自身特色的产业集聚和行业品牌。

（二）宁波港航后勤服务业发展的战略目标

1. 总体战略目标

到 2025 年末，基本形成完善的海铁联运集疏运网络，建成港口航运高度发达、服务功能健全完备的港航后勤服务体系；服务长三角的能力大幅度提升，在上海国际航运中心的核心地位更加强化，建成我国最大的战略物资储运基地

和大宗散货交易基地;"海上丝路"指数国际影响力明显增强,东部新城航运服务集聚区成为全球重要的港航后勤服务集聚区,建成全国重要的物流节点城市和国际闻名的港口名城。

2. 阶段性目标

(1)大型化、深水化、专业化公用码头、深水航道、锚地及集疏运设施、工具和相关配置等综合系统得到优化,公、铁、水、空等运输方式协调发展,空间布局良好,网络体系完善,基本形成煤炭、油品、铁矿石、集装箱、粮食等五大货种运输体系,以港口为核心的港航后勤服务体系基本健全。

(2)深水良港和贸易大市的优势得到发挥,实现由货运港向商贸港的转型升级,物流交易平台得到进一步完善,临港产业集聚区效应凸显,基本形成"大商贸、大物流、大港口"的综合服务体系。

(3)区外铁路干线、主要港区疏港铁路及与海铁联运相关配套场站与设施基本建成,铁路集疏运网络运行良好。海铁联运的目标市场向内陆中、西部地区深度延伸,能够为客户提供全程海铁联运服务,基本确立宁波海铁联运枢纽港在全国的领先地位。

(4)石油、化工、矿石、煤炭、粮食等大宗散货的战略储备设施不断完善,储备量持续增长,基本确立和巩固作为国家战略物资储运基地的战略地位,对战略物资需求具有一定的调节与补充作用。已有的大宗商品交易市场进一步发展,现货交易体系基本完善,中远期交易体系形成良好基础,以生产、商贸、物流、金融、信息服务为一体的综合性大宗散货交易平台及大宗散货交易基地基本建成。

(5)各类航运及相关服务产业得到集聚,初步形成产业完整、功能齐全、结构合理的港航后勤服务产业链,沪甬合作得到加强,船舶交易、船舶管理、航运经纪、船舶融资、航运保险等高端航运服务企业在东部新城入驻,基本完成港航后勤服务集聚区建设。

(6)在上海国际航运中心建设中的核心地位和作用更为突出,国际地位进一步提升,服务中西部地区的能力进一步增强,金融、口岸、政策环境进一步优化,港口航运和服务要素配置能力得到加强。

三、加快宁波港航后勤服务业发展的战略重点

1. 继续加快枢纽港建设

加快以宁波港口为核心的基础设施建设，保持能力与运输需求相对适应，建设大吨级、专业化铁矿石码头和原油码头，推进宁波梅山保税港区 10 万吨级以上集装箱码头建设；加快国际枢纽港建设，做优大宗散货运输，构建以镇海大宗货物海铁联运物流枢纽港为基地、以北仑大宗散货港为补充的铁矿石、原油、煤炭、粮油等大宗货物运输系统；做大做强集装箱运输，构建以北仑集装箱综合场站为主导的国际集装箱运输系统，打造亚太地区重要国际枢纽港。

2. 加快建设全国性综合运输枢纽，探索开展海铁联运综合试点

完善港口集疏运网络，发展水水中转、水陆中转、海铁联运等多式联运，大力推进干支相连、江海互通、水陆配套、公铁衔接、分工协作的综合交通运输体系的建设，发挥港口和铁路优势，加快铁路通道建设，强化铁路集疏运，争取在宁波开展海铁联运综合试点，以现代物流服务思路构建海铁联运服务系统，为客户提供全程服务，打造全国重要的海铁联运示范港口和海铁联运综合运输枢纽。

3. 加快建设国家战略物资储运基地和大宗散货交易基地

加强原油、矿石、煤炭、粮食等大宗散货战略储备，推进国家战略物资储运基地建设，保障国家能源储备和供给，维护国家经济安全。改变现有战略物资的运输格局，变分散采购为集体采购，变分拨转运为按需定运，提供战略物资的堆存、交易、混配及物流配送等全程化物流服务。加快大宗散货交易基地的建设，发挥港口优势，建设以大宗散货战略储备为基础，依托于港口、临港工业、物流园区和电子商务平台的石油、化工、矿石、煤炭、粮食等大宗商品现货交易市场，逐步发展中远期电子化交易，探索开展期货保税交易、保税仓单交易，编制发布具有国际影响力的大宗商品交易价格指数，提高国际市场的"话语权"。

4. 发展"大商贸、大物流、大港口"体系

加快推进港口转型升级,依托港口发展国际贸易,推进货运港向商贸港转型,发展现代化、国际化交易和会展。以港口为依托,大力发展与港口运输密切相关的现代物流业,形成临港产业带和物流园区的集聚效应,发展大物流,完善物流交易平台,加快建设全国性物流节点城市。加快推进建设大港口,推进省内和区域关联港口形成战略联盟,打造世界级的港口运营商和港口物流运营商。

5. 稳步推进高端港航后勤服务业发展

依托港口和航运业,推动港航后勤服务业向高端延伸。加强与上海合作,优势互补,承接上海现代航运服务体系辐射,引进上海高端航运服务机构在甬设立分支机构,建立区域性船舶交易基地和航运人才培训基地,推进发展航运金融、航运保险等业务,创新航运金融产品和服务,强化海事仲裁,加快航运服务集聚区建设,加快航运要素集聚。

6. 进一步完善配套服务环境

进一步完善投资、口岸、金融、外汇、财税等政策,不断改善港航后勤服务环境。加快口岸体制改革,推进口岸大通关。鼓励金融机构开展与港口和航运相关的金融产品和服务方式创新,争取外汇管理和税收管理部门的支持,争取把宁波建成按照国际惯例运作、充分体现贸易便利化的国际贸易城市。

四、促进宁波港航后勤服务业发展的对策建议

通过把握宁波港航后勤服务业发展指导思想、基本原则、科学定位及发展目标,对宁波港航后勤服务业发展提出以下建议。

(一)加快推进港口和航运主业发展,为港航后勤服务业提供稳定货源

1. 继续加快以港口为核心的基础设施建设

遵循经济规律,根据市场需求继续加快宁波港口能力建设,保持港口能力增长和经济需求增长平衡,矿石、煤炭、原油、液体化工等专业化码头建设要力争适度超前,为长江三角洲地区、长江流域乃至全国新一轮经济发展提供运

输保障能力。合理利用港口的深水岸线、基础设施、锚地、集疏运体系等资源，要将开辟新航道、新锚地等问题纳入规划，优化航线布局，调整航班密度，提高港口基础设施运营效率，做优大宗散货运输，做大做强集装箱运输，完善物流节点，延伸服务领域，调整港航相关结构，突出宁波港口物流业优势，优化港航发展环境和支撑体系，提高宁波港航后勤服务综合实力和竞争能力，实现港口全面、协调、可持续发展。

2. 完善港口集疏运网络，强化铁路集疏运优势

发展水水中转、水陆中转、海铁联运等多式联运，加快完善干支相连、江海互通、水陆配套、公铁衔接、分工协作的综合交通运输体系，拓宽港口的经济腹地，实现沿海与内陆地区的联动发展，提高对中西部地区的辐射和带动作用。完善铁路基础设施建设，抓紧建设杭州湾跨海铁路、金甬铁路，并加快宁波铁路枢纽北环线和疏港铁路建设，强化铁路集疏运网络。加大海铁联运宣传力度，加快内陆"无水港"建设，以现代物流服务理念开展海铁联运业务，完善配套设施，提供全程服务。在技术、管理、运输组织、政策上不断改革创新，争取建立海铁联运专项资金，给予海铁联运企业财税优惠。探索改革铁路体制和定价机制，消除制约瓶颈，推进海铁联运市场化进程，积极争取在宁波开展国家层面的海铁联运综合试点。

3. 加大腹地拓展和揽货力度，确保港口规模稳定增长

进一步调整相关费收，减轻集疏运企业负担，利用上海加快发展现代服务业，弱化量的概念和交通压力较大、能力较紧之机，充分发挥码头系统、运输系统、揽货系统、服务系统集群作战优势，集聚资源、集中优势，狠抓内贸箱、中转箱、空箱、调头箱和铁路箱以及航线航班开发，不断扩大腹地范围和市场占有率，确保港口吞吐量持续增长。根据客户需求，制订更有针对性的供应链解决方案，提供个性化的增值服务，多举措、全方位开展矿石、原油、煤炭、液化品以及杂货的揽货工作，进一步提高各货种的腹地市场份额。

（二）加快打造港口经济圈，拓宽港航后勤服务业发展空间

1. 着力推进港口经济圈建设

以宁波舟山港为核心，加快港口转型升级，调整产业结构，拓展港口服务功能。加快推进港口综合开发利用，积极建设互联互通的江海联运服务中心。与长江三角洲区域港口协调、联动发展，发挥集聚效应，实现区域港口资源整合，带动长江三角洲地区以港口经济为龙头，提升整个区域的港航软实力。立足宁波产业优势，扩大经贸交流，激活协同发展新动力，积极打造产业协调发展、资源配置合理的港口经济圈。

2. 加快发展"大商贸、大物流、大港口"体系

推进"港口—物流园区—贸易市场"三位一体贸易物流体系建设，依托大宗货物集聚区、临港产业集聚区、专业市场集聚区建设推动大商贸发展，依托货物大进大出的集散能力，大力发展商贸港，在积极巩固拓展国际市场同时，大力发展进口商品交易市场，拓展国内市场。吸引国际行业协会、会展商在宁波开展商品交易，打造国际贸易交易中心，依托港口产业发展贸易，服务地区经济转型升级，以商贸物流带动宁波港航后勤服务业发展。

3. 持续推动宁波舟山港口资源整合

加快宁波舟山港口一体化向纵深方向发展，主动推进宁波港域和舟山港域以资产资源为纽带深化实质性合作，实现功能整合，优化资源利用，借助一体化港口平台进一步整合省内港口资源，打造世界级的港口运营商和港口物流运营商，强化在上海国际航运中心建设中的核心港地位。

（三）学习、服务、融入上海，加快培育高端港航后勤服务业

1. 学习上海先进发展经验，分享上海国际航运中心建设红利

上海有雄厚的制造业基础和技术创新能力，有先进的现代航运基础设施网络，集装箱运输优势明显，航运要素集聚效应显著。上海有比较完备的金融市场体系、金融机构体系和金融业务体系，国际金融中心的建设为港航后勤服务业发展提供了良好的财政金融环境。上海的国家政策支持力度大，高端航运服

务业发展综合基础较好，国际航运中心建设为长江三角洲地区港口城市借势发展提供了重大机遇。在港航后勤服务业发展方面，上海拥有宝贵的成功经验，在全球具有较强的综合影响力，能够为宁波港航产业的发展提供非常好的经验借鉴和进步的阶梯。宁波要注意加强研究上海工作动态，认真学习上海的各种成功经验，积极调整思路，不断从上海得到更多的发展活力与激励。

2. 加强优势互补，拓展合作空间

宁波与上海的港航产业发展具有较强的互补性。宁波拥有较大的港口作业能力、成熟的大宗散货中转体系和相对完善的海铁联运集疏运网络体系，腹地城市承载能力较强，港口物流发展较快。不足之处在于宁波高端港航后勤服务业发展还相对滞后，产业结构不太合理。在宁波加快经济发展方式转变、加快产业转型升级的大背景下，要从思想意识和实际行动上全面融入上海国际航运中心建设，变被动适应为主动融合，变项目合作为相互融合，以合作促换血，提高造血功能。秉承"合理分工，优势互补，错位发展"的原则，各展所长，密切协作，合力加快推进上海国际航运中心建设，提升长江三角洲地区港口、航运和经济的综合实力。要弱化行政区划意识，在互利共赢的基础上加强与长江三角洲地区其他周边城市在港口、航运、金融、服务、联检、资产、资源、业务、法律、运力、造船、交易、集疏运系统等有关方面多层次、全方位的交流与合作，推动宁波港航产业的全面发展。

3. 加快培育和发展高端港航后勤服务产业

积极推进发展航运金融服务，鼓励金融机构在宁波开办专业性航运金融业务。大力发展多种船舶融资方式，积极开展船舶抵押贷款、船舶融资租赁、船舶经营性租赁、船舶融资租赁信托、船舶售后回租、船舶出口信贷等融资服务，对具有发展前景、信用良好的造船、航运等企业给予信贷支持。鼓励金融服务创新，加快发展航运保险业务，大力发展船舶保险、海上货运险、保赔保险等传统保险业务，积极探索新型航运保险业务，培育航运再保险市场，支持设立专业性航运保险公司，鼓励在甬保险公司提高保险服务水平。

重视发挥宁波海事法院在发展港航后勤服务业中的作用，支持其参与港航后勤服务产业发展相关的政府部门和组织间的协调机制，加强与伦敦、香港等地海事仲裁机构合作，以公正高效的海事司法服务和公平的海事仲裁促进高端

港航后勤服务业的发展。

加快开发海上丝路系列指数，在已有的"宁波出口集装箱运价指数"和"海上丝路贸易指数"基础上，进一步开发符合"一带一路"倡议和宁波港口城市特色的港航后勤服务业相关指数。继续加强与波罗的海航运交易所的合作，以"丝绸之路"集装箱运价指数为基础，共同开发航运指数衍生品及临港大宗商品交易市场期货业务，从而提升宁波航运服务的能级，打造有国际影响力的航运服务中心。

（四）加快推动全面开放新格局，构建港航后勤服务全产业链

1. 提升港航产业开放水平，推动区域产业合作

在现有的政策框架下，积极探索港航领域可行的开放措施，推动产业向特色化、差别化、规模化、高端化、专业化、国际化方向发展。以宁波舟山港集团、梅山保税港区、航运交易所、大宗商品交易所等航运服务业发展重点单位为载体，充分利用宁波"海上丝绸之路"枢纽港口的地位和国际经贸往来的优势，加强对外合作，建立有国际影响力的航运服务平台。积极与"一带一路"沿线城市和港口建立友好关系，扩大港航后勤服务业辐射范围，构建宁波与"一带一路"沿线港口城市的经贸和港航合作平台。努力扩大港口和城市影响力，积极争取自由贸易港政策试点。

全方位、多形式地鼓励支持大型港航物流企业的跨区域发展，加快建设区域统一开放的港航物流市场。要充分发挥相关行业协会和中介机构的作用，形成定期交流机制，建立统一的港口物流标准，并制定与国际同行业接轨的细化标准。积极推动与江苏港航企业在长江流域的航运服务合作，努力挖掘与内陆"无水港"城市的海铁联运合作机会，稳步推进与上海港口和高端航运业的深度融合。

2. 加快产业集聚区建设，积极构建全产业链

大力建设港航后勤服务产业发展集聚区，加强区域功能、管理等方面的建设。加快东部新城航运服务集聚区和梅山保税港区建设进度，营造良好的航运市场环境，进一步完善港航后勤服务产业空间布局。在东部新城集聚区大力发展总部经济、平台经济，鼓励港航相关企业将总部迁入。发展船舶交易、船舶管理、航运经纪、船舶融资、航运保险、航运咨询、航运仲裁等高端航运服务业，打造航运服务高地。积极拓展梅山保税港区功能，探索创新特殊监管区域管理制度，争取将梅山保税港区打造成具有自由贸易港功能的特殊监管区。积极推动宁波人民币跨境贸易结算试点工作，探索国际航运与贸易口岸便利化，争取在梅山保税港区设立离岸金融市场。加快各类航运金融产品创新，探索航运物流供应链与互联网金融新型融资渠道，为银行、保险、融资租赁等金融机构提供融资服务。

提升港航对城市经济的带动能力，打造完善的港航全产业链。将基础设施建设、港口运作、腹地物流、航运服务、船舶修造、航运贸易和信息处理等有机整合，以港航后勤服务业为纽带，建立全产业链协同发展机制，构建功能齐全、特色鲜明的港航经济体系。重点扶持发展现有产业链中相对薄弱的产业环节，补齐短板。积极培育高端港航后勤服务要素，拓展产业链服务功能，以提升区域港航的国际竞争力。加快培养高端港航后勤服务人才，大力引进航运复合型人才，制定专项政策，支持航运专业培训机构发展，优化产业人才结构。

3. 加快特色企业培育，鼓励兼并重组做大做强

加快发展冷链物流、汽车整车物流、保税物流等特色物流业务，延伸物流产业链，提高物流服务附加值。积极培育创新型物流企业，鼓励发展第三方、第四方物流企业。加快跨境贸易电子商务服务试点示范，逐步在海关特殊监管区域形成跨境电子商务企业集群。支持培育船舶代理、客货代理品牌企业，争取放宽外资股比限制，吸引外资港航企业从事公共国际船舶代理业务。吸引国际优秀船舶管理公司设立区域总部或分支机构，逐步形成专业化第三方船舶管理市场。

鼓励港航后勤服务企业上市融资，做好上市培训咨询服务。允许以市场为基础、项目为载体、资本为纽带，积极推进企业之间的合作与联合。积极创造体制机制条件，全力支持港航后勤服务企业"走出去"和"引进来"的工作。鼓励企业到海外建立分支机构，拓展网点。择机引进上海高端港航后勤服务机构、中介机构和大型企业在宁波设立分支机构，开展港航金融、科技研发、教育培训及信息服务等薄弱业务。鼓励和支持港口企业及其他港航后勤服务企业通过相互参股、控股、换股或组建产业投资基金等多种资本形式，进行有效的产业资源整合重组，实现做大做强的企业培育目标。

（五）完善政策服务环境，保障港航后勤服务业健康快速发展

1. 理顺管理机制，打通区域合作障碍

建立多部门、多机构的产业发展综合行政协调机制，定期研究相关问题，布置工作，统一思想，明确方向。建立健全与长江三角洲地区主要城市在政府层面、市场层面、产业层面、企业层面的合作、对话和有效联动机制，推进口岸信息的互联共享和通关环境的整体优化，完善区域大通关建设协作机制，不断拓展长江三角洲地区城市间的区域协作，依托协作平台，建立项目直通式对接渠道，深化"点对点、城与城"的口岸城市群合作机制，扩大参与主体和区域受益面，在信息共享互认、特殊监管区合作、物流联动发展等领域获得实质化进展。

2. 争取优惠政策，扶持产业发展

进一步深化金融体制改革，建立全面高效的金融市场体系。完善金融服务的硬件设施建设，加快金融服务创新，尽快推动建立完善的金融服务体系，大力发展海洋金融、航运金融以及与临港工业配套的口岸金融。大力争取在宁波港口实施启运港退税政策。推动实施在我国内地陆路或水运口岸，内陆"无水港"和集装箱海铁联运点报关启运，经宁波港口中转出口的货物，凭启运地海关签发的出口报关单在当地办理退税。争取复制国际船舶登记试点政策，鼓励中资方便旗船舶回归登记注册。实施营业税征收优惠政策。对注册在宁波的港航后勤服务企业从事当前宁波港航发展紧缺的相关业务所取得的收入免征营业税，支持国际班轮公司在宁波设立区域营运中心，促进国内外港航服务企业向宁波集聚。探索研究设立高端港航后勤服务业发展专项资金，培育高端港航后勤服务要素市场及相关港航产业发展。完善地方性法律法规，使各项工作和政策制度化，保障宁波港航后勤服务业的健康快速发展，为宁波城市经济发展发挥更大的作用。

3. 完善港航物流服务平台建设，提升信息化水平

依托港口信息系统建设，优化"港口作业区+集装箱处理中心"的物流模式，提升集装箱物流服务效率。加快大宗商品专业化、集约化发展，提升铁矿石、

石油及制品、煤炭、粮食等大宗商品物流能力。加快建设以物流和电子口岸为依托的综合信息平台，为港口物畅其流提供有力支撑。加快推进航运服务、中介服务、金融与法律咨询服务等航运服务公共平台建设，优化配置港口各服务环节间的功能，全面提高港口整体物流服务水平，使港口物流朝着高质量、高效率方向发展。

4. 强化基础设施建设生态化，构建绿色发展环境

优化港口资源配置，统筹陆海发展，提高港口基础设施运营效率，优化港航后勤服务要素发展环境和支撑体系。强化船舶污染防控体系建设，大力推进节能环保型营运船舶和新能源利用技术的使用，加强港口交通运输装备排放控制，加快以天然气、电力等清洁能源为燃料的港口运输装备和机械设备的推广和应用，加强加气供电等配套设施建设，统筹配置与管理使用港口污染防治和应急处置装备。加快绿色多模式港口集疏运体系建设，积极推进港口集疏运方式的绿色低碳发展，强化铁路集疏运网络建设，大力发展海铁联运，加快发展内河航运，充分发挥内河航运优势，强化结构性节能减排。

参 考 文 献

白燕. 2009. 知识经济中报酬递增性的分析[J]. 对外经贸, (5): 66-68.

蔡文. 1994. 物元模型及其应用[M]. 北京: 科学技术文献出版社.

曹卫东. 2011. 城市物流企业区位分布的空间格局及其演化——以苏州市为例[J]. 地理研究, 30(11): 1997-2007.

曹有挥, 曹卫东, 金世胜, 等. 2003. 中国沿海集装箱港口体系的形成演化机理[J]. 地理学报, 58(3): 424-432.

曹有挥, 李海建, 陈雯. 2004. 中国集装箱港口体系的空间结构与竞争格局[J]. 地理学报, 59(6): 1020-1027.

陈欢. 2016. 枢纽港口城市港航服务业空间组织研究——以上海为例[D]. 北京: 中国科学院大学.

陈柳钦, 詹花秀. 2005. 以产业集群促产业竞争力的提升[J]. 湖湘论坛, (5): 53-55.

陈馨. 2013. 港口物流金融支持港口经济发展的机制与策略研究[J]. 物流工程与管理, 35(3): 66-68.

崔园园, 宋炳良. 2014. 上海航运产业集群发展的问题分析与政策建议[J]. 企业经济, (3): 111-114.

狄昂照. 1992. 国际竞争力[M]. 北京: 改革出版社.

傅海威. 2018. 基于动态仿真的航运服务业对港口的影响[J]. 中国航海, 41(1): 117-121.

高志军, 刘伟. 2011. 航运服务集聚区的演化机理研究[J]. 中国航海, 34(1): 90-95.

高志军, 刘伟, 徐旭. 2012. 航运服务业集聚模式的生成机理及要素研究——推进上海国际航运中心建设的思考[J]. 航海技术, (3): 69-72.

顾朝林, 石爱华, 王恩儒. 2002. "新经济地理学"与"地理经济学"——兼论西方经济学与地理学融合的新趋向[J]. 地理科学, 22(2): 129-135.

韩增林, 安筱鹏, 王利, 等. 2002. 中国国际集装箱运输网络的布局与优化[J]. 地理学报, 57(4): 479-488.

胡碧琴, 顾磊. 2014. 基于 DEA 的港口物流产业集群创新能力评价——以宁波为例[J]. 物流技术, 33(17): 230-232.

胡大立. 2001. 企业竞争力论[M]. 北京: 经济管理出版社.

蒋厚武. 2006. 依靠科技进步促进港口发展[J]. 港口经济, (5): 29-31.

蒋自然, 傅海威, 曹有挥. 2016. 长三角港口体系的空间结构与演变趋势[J]. 中国航海, 39(2): 106-110.

金碚. 1997. 中国工业国际竞争力——理论、方法与实证分析[M]. 北京: 经济管理出版社.

金嘉晨, 真虹. 2013. 航运产业链的内涵和基本构成[J]. 中国航海, 36(3): 126-129.

金煜, 陈钊, 陆铭金. 2006. 中国的地区工业集聚: 经济地理、新经济地理与经济政策[J]. 经济研究, (4): 79-89.

李发鑫. 2010. "联通四方"助力物流产业振兴[J]. 运输经理世界, (9): 83.

李良琼, 沈玉志. 2014. 基于物元法的阜新产业集群金融支持评价[J]. 辽宁工程技术大学学报(社会科学版), 16(3): 239-242.

梁双波, 曹有挥, 吴威. 2011. 港口后勤区域形成演化机理——以上海港为例[J]. 地理研究, 30(12): 2150-2162.

梁双波, 曹有挥, 吴威. 2013. 上海大都市区港口物流企业的空间格局演化[J]. 地理研究, 32(8): 1448-1456.

刘帅帅. 2016. 长三角港口产业集群发展的经验借鉴[J]. 商场现代化, (5): 132-133.

柳思思. 2014. "一带一路": 跨境次区域合作理论研究的新进路[J]. 南亚研究, (2): 1-11.

陆岷峰, 栾成凯. 2012. 以港口金融发展推动港口经济发展战略研究——以连云港港口金融为模本分析[J]. 湖南工业职业技术学院学报, (1): 52-54.

罗永华. 2015. 中国城镇化与港口物流协调发展的机理与路径选择[J]. 重庆交通大学学报(社会科学版), 15(2): 21-25.

秦诗立. 2011. 构建"三位一体"港航物流服务体系[J]. 浙江经济, (6): 18-19.

任月红, 何介强. 2017. 国际港口名城的发展路径及宁波策略[J]. 宁波经济(三江论坛), (5): 8-11.

三味工作室. 2001. 世界优秀统计软件 SPSS V10.0 for Windows 实用基础教程[M]. 北京:北京希望电子出版社.

唐锋. 2017. 新时期我国港口物流发展的路径分析[J]. 全国流通经济, (9): 10-11.

汪国喜, 吴丽珍. 2013. 基于当前港口航道通过能力的探讨[J]. 中华民居, (5): 350.

王成金. 2008. 全球集装箱航运的空间组织网络[J]. 地理研究, 27(3): 636-648.

王成金, César Ducruet. 2011. 现代集装箱港口体系演进理论与实证[J]. 地理研究, 30(3): 397-410.

王列辉. 2007. 国外港口体系研究述评[J]. 经济地理, 27(2): 291-295.

王任祥, 赵亚鹏, 傅海威. 2010. 区域经济一体化背景下港口联盟建设的模式研究——以浙江省为例[J]. 经济地理, 30(3): 420-425.

王威, 张琴. 2012. 宁波市航运金融发展的保障措施及创新思路研究[J]. 浙江金融, (5): 46-49.

王先柱, 高彦彦. 2009. 新国际贸易理论和新经济地理学的核心模型及其拓展——2008 年度诺贝尔经济学奖得主克鲁格曼的贡献[J]. 安徽工业大学学报(社会科学版), 26(6): 15-18.

位帅, 梁剑喜, 黄晶. 2014. 基于 SD 模型的中山市水资源系统特征及其演变规律分析[J]. 资源科学, 36(6): 1158-1167.

邬凡敏, 郑智杨. 2011. 发展航运金融的制度障碍与法律对策——以国际化港口建设为视角[J]. 宁波大学学报(人文科学版), 24(3): 106-110.

吴爱存. 2015. 中国港口的产业集群研究[D]. 长春: 吉林大学.

吴旗韬, 张虹鸥, 叶玉瑶, 等. 2011. 港口体系演化的影响因素及驱动机制分析[J]. 人文地理 (3): 106-110.

谢敏, 赵红岩, 朱娜娜, 等. 2015. 浙江省第三产业空间集聚特征与成因[J]. 经济地理, 35(9): 96-102.

谢燮. 2008. 新经济地理学视角下的港口竞争格局分析[J]. 中国港口, (1): 27-29.

邢虎松. 2017. 新形势下我国港口物流发展的关键路径和政策建议[J]. 水运管理, 39(2): 19-22.

徐波波. 2014. 头门港口与腹地经济联动发展的路径与策略[J]. 北方经济, (2): 87-89.

徐皓, 樊治平, 刘洋. 2011. 服务设计中确定服务要素组合方案的方法[J]. 管理科学, 24(1): 56-62.

徐晓敏. 2008. 层次分析法的运用[J]. 统计与决策, (1): 156-158.

许敬宏. 2013. 对财政收入影响因素的相关探讨[J]. 知识经济, (15): 59.

颜宏亮, 王若萱. 2012. 金融支持舟山港口物流业发展研究[J]. 港口经济, (2): 28-32.

杨俊敏. 2017. 论"一带一路"战略下海外港口投资风险及法律应对机制[J]. 湖南科技学院学报, 38(7): 92-95.

易传剑. 2010. 对我国港口经营人民事责任限制的影响及其发展[J]. 法制与社会, (5): 265-266.

岳巧红, 李巍. 2015. 江苏港口现代化发展路径[J]. 水运管理, 37(10): 20-23.

曾五一, 黄炳艺. 2005. 调查问卷的可信度和有效度分析[J]. 统计与信息论坛, 20(6): 11-15.

张虹波, 刘黎明, 张军连, 等. 2007. 区域土地资源生态安全评价的物元模型构建及应用[J]. 浙江大学学报(农业与生命科学版), 33(2): 222-229.

张洪丽. 2007. 加快物流法制建设促进港口物流业发展[J]. 中国港口, (6): 44-45.

张辉. 2008. 港口经营人责任限制问题再探讨[J]. 中国海商法研究, 18: 57-68.

张其林, 陈虹. 2014. 基于生命周期理论的航运集群演进机制研究[J]. 产经评论, (6): 41-51.

张晔, 邓楚雄, 谢炳庚, 等. 2015. 基于熵权可拓物元模型的湖南省土地市场成熟度评价[J]. 资源科学, 37(1): 45-51.

张颖华. 2010. 港航产业成长与上海国际航运中心建设[D]. 上海: 上海社会科学院.

张哲, 张传龙. 2016. 经济发展新常态背景下我国港口发展趋势和路径[J]. 集装箱化, 27(2): 3-5.

赵亚鹏. 2018. 宁波港航服务业发展空间布局与路径选择[J]. 宁波经济(三江论坛), 2: 29-30.

中国人民大学竞争力与评价研究中心研究组. 2001. 中国国际竞争力发展报告(2001)—21世纪发展主题研究[M]. 北京: 中国人民大学出版社.

邹纯稳, 张树有, 伊国栋, 等. 2008. 面向产品变异设计的零件可拓物元模型研究[J]. 计算机集成制造系统, 14(9): 1676-1682.

邹莉. 2006. 产业集群视角下上海航运服务业发展研究[D]. 上海: 上海海事大学.

Acciaro M, Bardi A, Cusano M I, et al. 2017. Contested port hinterlands: an empirical survey on Adriatic seaports[J]. Case Studies on Transport Policy, 5(2): 342-350.

Akhavan M. 2017. Development dynamics of port-cities interface in the Arab Middle Eastern world—The case of Dubai global hub port-city[J]. Cities, 60: 343-352.

Anderson C M, Park Y A. 2008. A game theoretic analysis of competition among container port hubs: the case of Busan and Shanghai[J]. Maritime Policy and Management, 35(1): 5-26.

Asplund M, Nocke V. 2006. Firm turnover in imperfectly competitive markets[J]. Review of Economic Studies, 73(2): 295-327.

Baldwin R E, Okubo T. 2006. Heterogeneous firms, agglomeration and economic geography: spatial selection and sorting[J]. Journal of Economic Geography, 6(3): 323-346.

Benito G R G, Berger E, de la Forest M, et al. 2003. A cluster analysis of the maritime sector in norway[J]. International Journal of Transport Management, 1(4): 203-215.

Cai W. 1999. Extension theory and its application[J]. Chinese Science Bulletin, 44(17): 1538-1548.

Carbone V, Martino M. 2003. The changing role of ports in supply chain management: an empirical analysis[J]. Maritime Policy and Management, 30(4): 305-320.

Charnes A, Cooper W W, Rhodes E. 1978. Measuring the efficiency of decision making units[J]. European Journal of Operational Research, 2(6): 429-444.

Cheung R K, Tong J H, Slack B. 2003. The transition from freight consolidation to logistics: the case of Hong Kong[J]. Journal of Transport Geography, 11(4): 245-253.

Cotomillán P, Fernández X L, Hidalgo S, et al. 2016. Public regulation and technical efficiency in the Spanish Port Authorities: 1986—2012[J]. Transport Policy, 47: 139-148.

de Neufville R, Koji Tsunokawa K. 1981. Productivity and returns to scale of container ports[J]. Maritime Policy and Management, 8(2): 121-129.

Deng X, Xu Y, Han L, et al. 2015. Assessment of river health based on an improved entropy-based fuzzy matter-element model in the Taihu Plain, China[J]. Ecological Indicators, 57: 85-95.

Díaz-Hernández G. 2017. Improving construction management of port infrastructures using an advanced computer-based system[J]. Automation in Construction, 81: 122-133.

Doloreux D, Shearmur R. 2009. Maritime clusters in diverse regional contexts: the case of Canada[J]. Marine Policy, 33(3): 520-527.

Forrester J W. 1958. Industrial dynamics: a major breakthrough for decision makers [J]. Harvard Business Review, 36(4): 37-66.

Fujita M, Krugman P. 2004. The new economic geography: past, present and the future[J]. Papers in Regional Science, 83(1): 139-164.

Goulielmos A M, Pardali A I. 2002. Container ports in mediterranean sea: a supply and demand analysis in the age of geloaliation[J]. International Journal of Transport Economics, 29(1): 91-117.

Haezendonck E. 2001. Essays on strategy analysis for seaports[J]. International Journal of Maritime Economics, 4(2): 185-187.

Hayuth Y. 1981. Containerization and the load center concept[J]. Economic Geography, 57(2): 160-176.

Jaccoud C, Magrini A. 2014. Regulation of solid waste management at Brazilian ports: analysis and proposals for Brazil in light of the European experience[J]. Marine Pollution Bulletin,

79(1-2): 245-253.

Jeevan J, Salleh N H M, Loke K B, et al. 2017. Preparation of dry ports for a competitive environment in the container seaport system: a process benchmarking approach[J]. International Journal of e-Navigation and Maritime Economy, 7: 19-33.

Knatz G. 2016. How competition is driving change in port governance, strategic decision-making, and government policy in the United States[J]. Research in Transportation Business & Management, 22: 67-77.

Krugman P. 1991. Geography and Trade[M]. Cambridge: The MIT Press.

Krugman P. 1993a. On the relationship between trade theory and location theory[J]. Review of International Economics, 1: 110-122.

Krugman P. 1993b. The Current Case for Industrial Policy[M]. Cambridge: Cambridge University Press.

Krugman P. 1998. What's new about the new economic geography[J]. Oxford Review of Economic Policy, 14(2): 7-17.

Kursunoglu S, Ichlas Z T, Kaya M. 2017. Leaching method selection for Caldag lateritic nickel ore by the analytic hierarchy process (AHP)[J]. Hydrometallurgy, 171: 179-184.

Lam J S L, Yap W Y. 2011. Dynamics of liner shipping network and port connectivity in supply chain systems: analysis on East Asia[J]. Journal of Transport Geography, 19(6): 1272-1281.

Luo M, Grigalunas T A. 2003. A spatial-economic multimodal transportation simulation model for us coastal container ports[J]. Maritime Economics & Logistics, 5(2): 158-178.

Martin R. 1999. Critical survey. The new 'geographical turn' in economics: some critical reflections[J]. Cambridge Journal of Economics, 23(1): 65-91.

Martin R, Sunley P. 1996. Paul Krugman's geographical economics and its implications for regional development theory: a critical assessment[J]. Economic Geography, 72(3): 259-292.

Mayer H M. 1978. Current trends in great lakes shipping[J]. GeoJournal, 2(2): 117-122.

Melitz M J. 2003. The impact of trade on intra-industry reallocations and aggregate industry productivity[J]. Econometrica, 71(6): 1695-1725.

Nguyen H O, Nguyen H V, Chang Y T, et al. 2016. Measuring port efficiency using bootstrapped DEA: The case of Vietnamese ports[J]. Maritime Policy and Management, 43(5): 644-659.

Norcliffe G. 1996. The emergence of postmodernism on the urban waterfront: geographical perspectives on changing relationships[J]. Journal of transport Geography, 4(2): 123-134.

Notteboom T. 2010. Concentration and the formation of multi-port gate way regions in the European container port system: An update[J]. Journal of Transport Geography, 18(4): 567-583.

Notteboom T, Rodrigue J P. 2005. Port regionalization: towards a new phase in port development[J]. Maritime Policy and Management, 32(3): 297-313.

Ottaviano G I P. 2011. 'New' new economic geography: firm heterogeneity and agglomeration economies[J]. Journal of Economic Geography, 11(2): 231-240.

Ottaviano G I P. 2012. Agglomeration, trade and selection[J]. Regional Science and Urban Economics, 42(6): 987-997.

Ottaviano G I P, Puga D. 1998. Agglomeration in the Global Economy: A Survey of the 'New Economic Geography' [J]. World Economy, 21(6): 707-731.

Paixao A C, Marlow P B. 2003. Fourth generation ports: a question of agility[J]. International Journal of Physical Distribution and Material's Management, 33(4): 355-376.

Parola F, Notteboom T, Satta G, et al. 2013. Analysis of factors underlying foreign entry strategies of terminal operators in container ports[J]. Journal of Transport Geography, 33(6): 72-84.

Pettit S J, Beresford A K C. 2009. Port development from gateways to logisticshubs[J]. Maritime Policy and Management, 36(3): 253-267.

Pratap S, Nayak A, Kumar A, et al. 2017. An integrated decision support system for berth and ship unloader allocation in bulk material handling port[J]. Computers & Industrial Engineering, 106: 386-399.

Rimmer P J, Comtois C. 2009. China's container-related dynamics, 1990—2005[J]. Geojournal, 74(1): 35-50.

Robinson R. 2002. Ports as elements in value-driven chain systems: The new paradigm[J]. Maritime Policy and Management, 29(3): 241-255.

Rodrigue J P, Notteboom T, Pallis A A. 2011. The financialization of the port and terminal industry: revisiting risk and embeddedness[J]. Maritime Policy and Management, 38(2): 191-213.

Roubos A, Groenewegen L, Peters D J. 2017. Berthing velocity of large seagoing vessels in the port of Rotterdam[J]. Marine Structures, 51: 202-219.

Schmutzler A. 1999. The new economic geography[J]. Journal of Economic Surveys, 13(4): 355-379.

Sheng D, Li Z C, Fu X, et al. 2017. Modeling the effects of unilateral and uniform emission regulations under shipping company and port competition[J]. Transportation Research Part E Logistics & Transportation Review, 101: 99-114.

Song D W, Panayides P M. 2008. Global supply chain and port/terminal: integration and competitiveness[J]. Maritime Policy and Management, 35(1): 73-87.

Taaffe E J, Morrill R L, Gould P R. 1963. Transport expansion in underdeveloped countries: a comparative analysis[J]. Geographical Review, 53(4): 503-529.

Talley W. 2008. Transportation Research Part E: Logistics and Transportation Review[M]. Amsterdam: Elsevier Science Ltd.

Veldman S J, Bückmann E H. 2003. A model on container port competition: an application for the west European container hub-ports[J]. Maritime Economics & Logistics, 5(1): 3-22.

Vieira G B B, Neto F J K, Ribeiro J L D. 2015. The rationalization of port logistics activities: a study at port of santos (Brazil)[J]. International Journal of e-Navigation and Maritime Economy, 2: 73-86.

Villa J C. 2017. Port reform in Mexico: 1993—2015[J]. Research in Transportation Business & Management, 22: 232-238.

Wang J J, Cheng M C. 2010. From a hub port city to a global supply chain management center: a case study of Hong Kong[J]. Journal of Transport Geography, 18(1): 104-115.

Wang W Y, Peng Y, Tian Q, et al. 2017. Key influencing factors on improving the waterway through capacity of coastal ports[J]. Ocean Engineering, 137: 382-393.

Weigend G G. 1956. The Problem of hinterland and foreland as illustrated by the port of Hamburg[J]. Economic Geography, 32(1): 1-16.

Weigend G G. 1964. The major seaports of the United Kingdom[J]. Economic Geography, 40(2): 182-183.

Zhang X, Yue J. 2017. Measurement model and its application of enterprise innovation capability based on matter element extension theory[J]. Procedia Engineering, 174: 275-280.

致　　谢

本研究的开展获得了宁波工程学院经济与管理学院、中国科学院南京地理与湖泊研究所、新加坡国立大学海事研究中心等国内外港口研究领域科研机构的同事、同行们的无私帮助。中国科学院南京地理与湖泊研究所曹有挥研究团队为本研究提供了重要素材和数据支撑。盐城工学院潘坤友副教授、浙江师范大学蒋自然博士、中国科学院大学陈欢硕士参与了部分研究工作，宁波大学硕士生袁一璐，宁波工程学院教授助理王芳、杨叶、张洪玉协助完成了部分文字处理工作。

在此表示由衷的感谢！